www.ingramcontent.com/pod-product-compliance
Lightning Source LLC
LaVergne TN
LVHW050752051026
849532LV00008B/2841
9789358728279

خبر لیجے زباں بگڑی

(لسانی تحقیقی مضامین)

اطہر علی ہاشمی

© Taemeer Publications LLC
Khabar lijiye Zabaan bigdi (Urdu Linguistics Columns)
by: Athar Ali Hashmi
Edition: January '2026
Publisher :
Taemeer Publications LLC (Michigan, USA / Hyderabad, India)

ISBN 978-93-5872-827-9

کتاب	:	**خبر لیجے زباں بگڑی**
مصنف	:	**اطہر علی ہاشمی**
بہ تعاون	:	ہفت روزہ 'فرائیڈے اسپیشل' (پاکستان)
ترتیب / تدوین	:	مکرم نیاز
صنف	:	تحقیق و تنقید
ناشر	:	تعمیر پبلی کیشنز (حیدرآباد، انڈیا)
سالِ اشاعت	:	۲۰۲۶ء
صفحات	:	۸۸
سرورق ڈیزائن	:	تعمیر ویب ڈیزائن

فہرست

اطہر ہاشمی کا کالم 'خبر لیجے زباں بگڑی'

: اہمیت و افادیت

نعیم الرحمان شائق

بہت سال پہلے میں نے اخبار کے ایک ٹھیلے سے مشہور ہفت روزہ رسالہ "فرائیڈے اسپیشل" خریدا۔ رسالہ پڑھتے ہوئے جب میں آخری صفحے پر پہنچا تو اطہر ہاشمی کا کالم بعنوان "خبر لیجے زباں بگڑی" ملا۔ میں پہلی بار ان کا کالم پڑھ رہا تھا۔ یہ کالم معاصر اخبارات اور نیوز چینلوں میں ہونے والی اردو کی غلطیوں کی تصحیح پر مشتمل تھا۔ میں حیران رہ گیا کہ پاکستان میں ایک ایسا شخص بھی موجود ہے، جو اردو زبان پر اتنی مضبوط گرفت رکھتا ہے۔ کالم خشک قسم کی معلومات پر مشتمل تھا، مگر اتنا خوب صورتی سے تحریر کیا گیا تھا کہ میں پڑھتا ہی چلا گیا۔ یہاں تک کہ پورا مضمون ختم ہو گیا۔ پھر میں نے یہ عادت بنالی تھی کہ محض اطہر ہاشمی کا کالم پڑھنے کے لیے ہر ہفتے "فرائیڈے اسپیشل" خریدتا۔

ہمارا المیہ یہ ہے کہ ہم اہل علم کی قدر نہیں کرتے۔ ہم میں سے چند لوگ ہی ہوں گے، جو اطہر علی ہاشمی سے واقف ہوں گے۔ جب اہلِ علم حضرات کی قدر ہی

نہیں کی جائے گی تو علم کہاں سے پھلے پھولے گا۔ شاید ہم علم میں بھی اس لیے پیچھے ہیں کہ ہم علم والوں کو اس طرح اہمیت نہیں دیتے، جس طرح دینی چاہیے۔ ہم فن کاروں کی قدر کرتے ہیں، گویوں کو سر پہ بٹھاتے ہیں، ناچ گانے والوں کو بریکنگ نیوز میں جگہ دیتے ہیں، اداکاراؤں پر اخبارات کے صفحے لٹا دیتے ہیں، سیاست دانوں پر کئی گھنٹے تبصرے کرتے ہیں، کھلاڑیوں کو سر آنکھوں پر بٹھاتے ہیں، مگر ان لوگوں کو ہم جانتے تک نہیں جو اپنے آپ کو علم کے لیے وقف کر دیتے ہیں۔ خدا ہمارے حال پر رحم کرے۔ انصاف یہ ہے کہ جس طرح ہمارا میڈیا سیاست دانوں، اداکاروں، فنکاروں، گویوں اور کھلاڑیوں کو اہمیت دیتا ہے، بالکل اسی طرح علم پھیلانے والوں کو دے۔ بلکہ ان کی اہمیت زیادہ ہونی چاہیے، کیوں کہ علم ناچ گانے، سیاست اور کھیل سے زیادہ ان مول اور قیمتی ہوتا ہے۔

اردو نیوز کی ایک خبر کے مطابق اطہر علی ہاشمی اگست ۱۹۴۷ء کو بہاول پور میں پیدا ہوئے، لیکن اردو وکی پیڈیا کے مطابق وہ ۱۹۴۶ء میں پیدا ہوئے۔ ان کے والد منسٹری آف انڈسٹریز میں تھے۔ بچپن وہیں گزارا۔ میٹرک کے بعد انٹر ایف سی کالج لاہور سے کیا۔ پھر جامعہ کراچی سے ایم اے کیا۔ "علاؤالدین خلجی کی معاشی پالیسی" پر مقالہ لکھ کر اسلام آباد کی ایک یونی ورسٹی سے ایم فل کی ڈگری حاصل کی۔ تعلیم سے فراغت کے بعد جامعہ کراچی سے شعبہ تدریس سے وابستہ ہونے کی پیش کش ہوئی، لیکن صحافت سے منسلک ہو گئے۔ ۴۴ برس تک کوچہ صحافت کے راہی رہے۔ زبان اردو پر مضبوط گرفت رکھتے تھے۔ روزنامہ "جسارت"، "جنگ لندن" اور "امت" سے منسلک رہے۔ دارالعلوم کراچی کے

ناظم تعلیمات اور استاذِ حدیث مولانا راحت علی ہاشمی کے بڑے بھائی تھے۔ ٦ اگست ۲۰۲۰ء کو انتقال کر گئے۔

اب اصل موضوع کی طرف آتا ہوں۔ اطہر علی ہاشمی اردو زبان پر بہترین گرفت رکھتے تھے۔ انگریزی کی بے جابالا دستی کی وجہ سے ہمارا میڈیا اردو زبان کی باریکیوں سے ناواقف ہے۔ ہمارے تعلیمی اداروں میں بھی کماحقہ اردو کی تعلیم نہیں دی جاتی۔ اطہر علی ہاشمی کی زندگی کا بڑا حصہ اردو زبان کی غلطیوں کی نشان دہی کرنے میں گزرا۔ اگر ان کے کالم جو "خبر لیجے زباں بگڑی" کے نام سے شایع ہوتے تھے، کتابی شکل میں لائے جائیں تو یہ فروغِ اردو زبان کے ضمن میں ایک بہت بڑی خدمت ہو گی۔ اس کتاب سے میڈیا کے ساتھ ساتھ اساتذہ، طلبہ اور دیگر لوگ بھی فائدہ اٹھائیں گے۔ یہ اردو زبان کے فروغ کی طرف ایک اہم قدم ہو گا۔ اس سے ہماری قومی زبان پروان چڑھے گی۔ اطہر ہاشمی پاکستان کے مشہور میڈیا گروپس سے منسلک رہے۔ ان میڈیا گروپس کے پاس ان کی تحریروں کا تمام تر ریکارڈ موجود ہو گا۔ ان کے لیے اطہر ہاشمی کی تحریروں کی اشاعت کوئی مشکل امر نہیں۔ بہ صورت دیگر ان کا یہ قیمتی علمی سرمایہ ضائع ہو جائے گا۔ کتاب خود بھی زندہ رہتی ہے، علم کو بھی باقی رکھتی ہے اور اپنے مصنف کو بھی حیات رکھتی ہے۔ اطہر ہاشمی اپنی کتاب کی بدولت حیات رہیں گے۔ میرے خیال میں ان کو خراج تحسین پیش کرنے کا اس سے اچھا طریقہ کوئی نہیں ہے۔

انگریزوں کی ایک خوبی یہ ہے کہ وہ اپنی زبان کی درست اشاعت کرنے کی بہت کوشش کرتے ہیں۔ ان کے میڈیا گروپ، ان کی درس گاہیں اور جامعات اس

تگ و دو میں مصروف نظر آتی ہیں کہ ان کی زبان پھلے پھولے اور ہر جگہ پروان چڑھے۔ ہمارے ہاں اس طرح کی کوششیں خال خال نظر آتی ہیں۔ ایک دن لائبریری میں ایک کتاب پر نظر پڑی۔ کتاب کا نام تھا Write Better, Speak Better: یہ کتاب Reader's Digest کے ادارے نے شائع کی تھی۔ اس کتاب میں انگریزی لکھنے اور بولنے کے اصول بڑی مہارت سے یک جا کیے گئے تھے۔ کتاب کا سرسری جائزہ لینے کے بعد میں نے سوچا کہ ہمارے ہاں کتنے بڑے بڑے میڈیا گروپ ہیں۔ ان کے ہاں کام کرنے والے کتنے ماہر صحافی، شاعر اور مصنف ہیں۔ یہ سب اپنی زبان کو پروان چڑھانے اور نئی نسل کے ذہنوں میں اپنی زبان کی اہمیت و افادیت نقش کرنے کے لیے کیوں اس طرح کی کوششیں نہیں کرتے۔ ہمارے ہاں اردو کے اصول و ضوابط پر بہت کم کتابیں لکھی جاتی ہیں۔ ہمارے میڈیا گروپس اس طرف بالکل توجہ نہیں دیتے۔ ہماری جامعات آکسفورڈ اور کیمبرج کی طرح اپنی زبان کی حفاظت واشاعت میں کوئی خاص کردار ادا نہیں کرتیں۔

میں یہاں اطہر ہاشمی کے کالم کے چند اقتباسات لکھتا ہوں۔ جس سے آپ بہ خوبی اندازہ لگاسکتے ہیں کہ وہ زبان اردو کے کتنے بڑے محقق تھے:

استفادہ حاصل کرنا

اس کی درست صورت استفادہ کرنا یعنی فائدہ حاصل کرنا ہے۔ استفادہ میں تحصیلِ فائدہ کا مفہوم چونکہ ازخود شامل ہے اس لیے استفادہ کرنا، لغوی اور معنوی

اعتبار سے قائل کے مفہوم کا صحیح ترجمان ہے۔ لہٰذا اس کے ساتھ لفظ 'حاصل' کا اضافہ محض تحصیلِ لاحاصل ہے، یعنی ایسی چیز کی جستجو یا خواہش کرنا جو پہلے ہی ہمارے پاس موجود ہے۔

اشکوں کا سیلاب

سیلاب اصل میں 'سیلِ آب' کا مرکب ہے جس کا معنی ہے 'پانی کا ریلا'۔ 'اشکوں کا سیلاب' کی جگہ 'سیلِ اشک' یا 'اشکوں کا سیل' ہونا چاہیے۔

اعلیٰ ترین، ادنیٰ ترین، افضل ترین

اعلیٰ، ادنیٰ اور افضل، افعل التفضیل ہیں۔ 'ترین' بھی تفضیلِ کُل ہے۔ لہٰذا اعلیٰ، ادنیٰ اور افضل کے ساتھ 'ترین' کی یکجائی خلافِ قواعد ہے۔

ان کا موضوعِ سخن سیاستِ حاضرہ ہے

اس جملے میں 'موضوعِ سخن' کے بجائے 'موضوع' ہونا چاہیے۔ موضوعِ سخن شاعری کے متعلق ہوتا ہے۔

اے لوگو! میری بات غور سے سنو

درست جملہ اس طرح ہو گا: 'لوگو! میری بات غور سے سنو'۔ مخاطب کر کے 'لوگو' کہا جائے تو اس میں 'اے' کا مفہوم موجود ہوتا ہے۔ بعض لکھنے والے 'لوگو' کے ساتھ نون غنہ کا اضافہ کر کے غلط طور پر 'لوگوں' اور 'اے لوگوں' کر دیتے ہیں۔

بھیڑ جمع ہو گئی / مجمع جمع ہو گیا

ہمارے ہاں لکھنے پڑھنے میں حشو و زوائد کی غلطیاں عام ہیں۔ 'بھیڑ ہو گئی'، 'مجمع

ہو گیا' میں بات پوری ہو جاتی ہے۔

جھاڑو پھرے گا

گزشتہ دنوں ایک وفاقی وزیر نے فرمایا کہ عید کے بعد جھاڑو پھرے گا اور خود قرنطینہ میں چلے گئے۔ عید تو کب کی گزر چکی لیکن عرض یہ ہے کہ جھاڑو مذکر نہیں مونث ہے۔ یہ پھرتا نہیں، پھرتی ہے۔ 'جھاڑو پھر گئی' محاورہ ہے۔ البتہ ایک بڑی سی جھاڑو جس کی دُم میں ایک بڑا سا ڈنڈا لگا ہوتا ہے اور خاکروب اس سے سڑکوں کی صفائی کرتے ہیں اس کی جسامت دیکھ کر اسے مذکر کہا جا سکتا ہے۔

'ڈکار' مذکر یا مونث

۲۳ جون کے ایک اخبار میں بہت جسیم اور قدیم کالم نگار نے 'ڈکار' کو مذکر لکھا ہے۔ ان کی 'ڈکار' یقیناً مذکر ہو گی۔ ویسے ڈکار مونث ہے اور ہندی کا لفظ ہے۔ موصوف ہمارے پسندیدہ کالم نگار ہیں لیکن غلطیاں کرنے لگے ہیں۔

آب دیدہ آنکھیں

'وہ اپنی آب دیدہ آنکھوں سے مرحوم والد کی تصویر دیکھتا رہا'۔ اس جملے میں 'آنکھوں' اضافی ہے، دیدہ کا معنیٰ ہی آنکھ ہے۔ آب دیدہ کا معنیٰ ہے 'جس شخص کی آنکھوں میں آنسو بھرے ہوں'۔ دوسری ترکیب 'آبِ دیدہ' ہے جس کا معنیٰ آنکھ کا پانی یعنی آنسو ہے۔ درست جملہ اس طرح ہے: 'وہ آب دیدہ اپنے مرحوم والد کی تصویر دیکھتا رہا'۔ یا یوں کہہ سکتے ہیں: 'وہ آنسو بھری آنکھوں سے مرحوم والد کی۔۔۔'

جس کا کام اسی کو ساجھے

ایک ٹی وی اینکر بتا رہے تھے کہ یہ پرانی کہاوت ہے 'جس کا کام اسی کو سانجھے'۔ یہ کہاوت تو ہے لیکن اس میں 'سانجھے' نہیں 'ساجے' ہے۔ ممکن ہے یہ سجنے سے ہو۔

سجنا ہندی کا لفظ ہے جس کا مطلب ہے موزوں ہونا، آراستہ ہونا، مرتب ہونا۔ بطور فعل متعدی موزوں کرنا، آراستہ کرنا، یعنی جس کا کام ہے وہ ہی اسے ٹھیک طرح کر سکتا ہے۔ اس کہاوت کا دوسرا ٹکڑا ہے 'کوئی اور کرے تو ٹھینگا باجے'۔ اس سے ظاہر ہے کہ باجے کے قافیے میں ساجے آئے گا۔ جہاں تک ساجھے کا تعلق ہے تو اس کی اصل بھی ہندی ہے اور اس کے کئی معانی ہیں۔ معروف معنیٰ اشتراک ہے جیسے ساجھے کی ہنڈیا جو بیچ چوراہے کے پھوٹ جاتی ہے۔ یا ساجھے داری۔ ساجھا لڑنا یعنی کوئی تدبیر ہاتھ آجانا۔ مقولہ ہے 'ساجھے کا کام بُرا'۔

ہمارے خیال میں ساجھے میں نون غنہ پنجاب میں شامل ہو گیا ہے اور سانجھا کہا جانے لگا ہے۔ ویسے ہندی میں ایک لفظ 'سانجھ' بھی ہے جس کا مطلب ہے سورج ڈوبنے کا وقت یعنی شام۔ سانجھ سویرے کا مطلب ہے صبح، شام یا، شام سے صبح تک۔ ایک گیت ہے 'یاد کروں تجھے سانجھ سویرے'۔

قوس و قزح

۳۰ مئی کے ایک اخبار میں رنگین تصویر کا عنوان (کیپشن) ہے 'ٹوکیو میں قوس و قزح کے رنگ بکھرے ہوئے ہیں'۔ ایک تو ہمارے صحافی بھائیوں کو بے جا طور پر 'و' کا استعمال بہت پسند ہے۔ جیسے بلند و بانگ، چاق و چوبند اور اب قوس و قزح۔ اصل میں یہ 'قوس قُزح' ہے۔

'قوس' کا مطلب کمان اور 'قزح' (ق پر پیش) کا مطلب ہے رنگ، یعنی رنگوں کی کمان۔ چنانچہ 'قُزح کے رنگ' بالکل بے معنی ہے لیکن بار بار پڑھنے میں آتا ہے۔ قوس عربی کا لفظ اور مونث ہے۔ قوس آسمان کو بھی کہتے ہیں، کیونکہ یہ بھی مثل کمان کے ہے۔ آسمان کے نویں برج کا نام بھی قوس ہے جو بشکل کمان مانا گیا ہے۔ اور قزح ماخوذ ہے 'قزحہ' سے، جس کے معنی زرد، سرخ، سبز کے ہیں۔

آفتاب کی شعاعیں جب مینہ (بارش) سے گزرتی ہیں تو سات مختلف رنگوں میں تقسیم ہو کر دھنک کی شکل میں نظر آتی ہیں۔ اس کے لیے بارش، اور اس پر سورج کی شعاعیں پڑنا ضروری ہے۔

زیرِ نظر کتاب میں اطہر ہاشمی کے لسانی شعور اور تحقیقی ذوق کے تیرہ منتخب مضامین شامل کیے گئے ہیں، جن میں اردو زبان کی مروجہ اغلاط اور اسلوبی لغزشوں کی نہایت سلیقے اور شگفتگی سے نشان دہی کی گئی ہے۔ یہ مضامین زبان کی درستی کے ساتھ ساتھ قاری میں لفظ و معنی کے صحیح شعور کو بھی بیدار کرتے ہیں۔ امید ہے کہ یہ مجموعہ اردو کے سنجیدہ قاری، لکھنے والوں اور زبان سے محبت رکھنے والوں کے لیے رہنمائی اور استفادے کا معتبر وسیلہ ثابت ہو گا۔

ا

دلی کی عدالت بمقابلہ اردو

اردو زبان ہندوستان میں پیدا ہوئی، وہیں پلی بڑھی۔ دہلی، لکھنؤ اس کے بڑے دبستان سمجھے جاتے تھے۔ لیکن اب یہیں اس کو "ستی" کیا جارہا ہے۔ گزشتہ دنوں دہلی کی عدالت نے پولیس ایف آئی آر میں اردو کے الفاظ کو مشکل قرار دے کر انہیں نکالنے کا حکم دیا ہے اور پولیس کی سرزنش بھی کی ہے۔ کبھی اردو زبان پورے ہندوستان میں رابطے کی زبان سمجھی جاتی تھی، تاہم ہندوؤں نے اسے صرف مسلمانوں کی زبان قرار دیا۔ چنانچہ اس کے ساتھ بھی ویسا ہی سلوک ہورہا ہے۔ مزے کی بات یہ ہے کہ عدالت نے اس لفظ کا متبادل نہیں بتایا اور عدالت کو عدالت ہی کہا ہے۔ یہ لفظ عدل سے ہے اور عربی کا ہے جو اردو میں عام ہے اور پورے ہندوستان میں سمجھا بھی جاتا ہے۔ عدالت نے اپنے حکم میں انگریزی کے الفاظ ایف آئی آر (فرسٹ انفارمیشن رپورٹ) پر تو کوئی اعتراض نہیں کیا، جب کہ یہ الفاظ ایک عام ہندوستانی کے لیے نامانوس ہیں۔ عدالت نے تعزیراتِ ہند کا حوالہ دیا ہے، جب کہ تعزیرات بھی عربی سے اردو میں آیا ہے۔ "دہلی پولیس کی سرزنش"۔ اس میں 'پولیس' کا لفظ انگریزی اور 'سرزنش' فارسی کا ہے جس کا مطلب ایک عام آدمی

کو معلوم نہیں۔ حکم نامے میں یہ ہے کہ ایف آئی آر اہم دستاویز ہوتی ہے، اسے سہل زبان میں لکھنے کی ضرورت ہے، چنانچہ اردو، فارسی کے ایسے مشکل الفاظ کا استعمال بند کر دے۔ اب اس میں "دستاویز، سہل، حکم، ضرورت، زبان، مشکل" وغیرہ جیسے الفاظ بھی حکم نامے میں درج نہیں ہونے چاہئیں۔ دہلی ہائی کورٹ کے چیف جسٹس ڈی این پٹیل اور جسٹس ہری شنکر کو چاہیے کہ ہائی کورٹ، چیف جسٹس، جسٹس جیسے انگریزی الفاظ کو بھی خارج کیا جائے اور ان کا ہندی متبادل لایا جائے۔ "شدھ ہندی" تو انگریزی الفاظ سے بھی پاک ہونی چاہیے۔ دوسری طرف اردو کو دارالحکومت دہلی میں دوسری سرکاری زبان کا درجہ حاصل ہے۔ سنسکرت آمیز ہندی کے بارے میں بھارت کے پہلے وزیراعظم پنڈت جواہر لعل نہرو نے کہا تھا کہ اب جو زبان بولی جارہی ہے وہ ان کی سمجھ میں بھی نہیں آتی۔ مزے کی بات یہ ہے کہ پنڈت جی کے نام میں 'جواہر' اور 'لعل' دونوں الفاظ عربی کے ہیں۔ ان کے والد موتی لعل تھے۔ کچھ اخبارات میں جواہر لعل کو جواہر لال لکھا جاتا ہے۔ چلیے لعل کو 'لال' کر دیا لیکن جواہر کا بھی کچھ کریں۔ عدالت پنڈت جی کا نام بھی بدلے۔

عدالت کے حکم پر دہلی پولیس نے اردو کے ۳۸۳ الفاظ پر مشتمل فہرست پیش کی کہ ان کا استعمال اب ترک کر دیا گیا ہے۔ یہ فہرست طویل ہے لیکن ان الفاظ کا ہندی یا سنسکرت میں متبادل بھی پیش کرنا چاہیے تھا۔ فہرست میں ایک لفظ "مسمّٰی" بھی ہے جس کا تلفظ خود اردو بولنے والے بھی غلط کرتے ہیں۔ پاکستان کی عدالتوں میں عام طور پر یہ آواز لگتی ہے "مسمی فلاں حاضر ہوں"۔ جبکہ اس کا تلفظ "مسما"

ہے، مسمیٰ پر کھڑا زبر ہے جیسے عیسیٰ، موسیٰ۔ عدالت کے حکم پر پولیس ٹریننگ کالج اور اسٹاف کا متبادل تلاش کیا جارہا ہے لیکن فی الوقت انگریزی الفاظ سے مکتی حاصل کرنے کا ارادہ نظر نہیں آتا، کیونکہ یہ پورے برعظیم کے سابق آقاؤں کی زبان ہے، وہ بُرا مان جائیں گے۔ ایران میں زبان سے انگریزی الفاظ کو نکالنے کی مہم چلی تھی، لیکن زیادہ کامیاب نہیں ہوئی، البتہ کئی الفاظ کو "مفرّس" کرلیا گیا۔

اہلِ ہند علامہ اقبالؒ کو اپنا شاعر قرار دیتے ہیں کیونکہ وہ ہندوستان ہی میں پیدا ہوئے اور انتقال بھی ہندوستان میں ہوا، اُس وقت تک پاکستان نہیں بنا تھا۔ وہاں علامہ اقبال پر علمی کام بھی بہت ہوا، ممکن ہے ان کی شاعری میں سے اردو کے الفاظ نکالنے کی مہم ابھی نہیں تو شاید جلد ہی شروع ہو جائے۔ علامہ کی اردو شاعری میں تو عربی اور فارسی کے الفاظ کی کثرت ہے۔ علامہ اقبال ہی نے کہا تھا:

سارے جہاں سے اچھا ہندوستاں ہمارا
ہم بلبلیں ہیں اس کی، یہ گلستاں ہمارا

علامہ کے اس گلستان سے اردو کو نکالا جارہا ہے۔ علامہ کے ذکر پر یاد آیا کہ بھارتی جمہوریہ کے صدر ڈاکٹر راجندر پرشاد نے اقبال سے موسوم ایک تقریب میں خطاب کرتے ہوئے کہا تھا کہ "اقبال بہت اچھے شاعر تھے لیکن افسوس وہ پاکستان چلے گئے"۔ واضح رہے کہ راجندر پرشاد پی ایچ ڈی تھے۔

دہلی عدالت کے حکم نامے کی مخالفت کرتے ہوئے اردو کے فروغ کے لیے سرگرم تنظیم "اردو ڈویلپمنٹ آرگنائزیشن" کے جنرل سیکریٹری ڈاکٹر معید احمد خان نے کہا کہ اردو بھارت میں رابطے کی سب سے بڑی اور اہم زبان ہے۔ صحیح ہے،

لیکن اردو کے فروغ کے لیے سرگرم مذکورہ تنظیم کم از کم اپنا نام ہی اردو میں رکھ لیتی۔ مثلاً "تنظیم فروغِ اردو"۔ افسوس کی بات ہے کہ اردو کے فروغ کے لیے کام کرنے والی تنظیم نے اپنے نام کے لیے انگریزی کو ترجیح دی، اور پھر کہا جائے کہ اردو دنیا کی پیاری اور عام فہم زبان ہے تو کیا آپ کو پیاری نہیں! بہت بڑے مزاحیہ شاعر دلاور فگار نے طنز کیا تھا:

"آئی ایم دی ہیڈ آف دی اردو ڈیپارٹمنٹ"۔ ایک زمانے میں کراچی میں یہ نعرہ لگتا رہا ہے "وی وانٹ اردو"۔

دہلی کی عدالت نے تو اردو کے الفاظ نکالنے کا حکم دیا ہے، اب پاکستان کی عدالتوں کو چاہیے کہ وہ ملک کی قومی زبان سے بدسلوکی کرنے والوں کے خلاف حکم جاری کریں۔ بھارت کی تو چھوڑیے، پاکستان میں اردو کے ساتھ کون سا اچھا سلوک ہو رہا ہے! پروفیسر غازی علم الدین سے علم و ادب کی دنیا خوب شناسا ہے۔ وہ اپنی کتاب "تخلیقی زاویے" میں اردو کی زبوں حالی کے حوالے سے لکھتے ہیں "ہندوستان میں گنگا جمنی تہذیب کی آئینہ دار اردو زبان کی زبوں حالی پر میں ایسے موقع پر خامہ فرسائی کر رہا ہوں کہ خود پاکستان میں قومی زبان کا وجود خطرے میں ہے اور اس کے دشمن بزعمِ خویش اس کی تجہیز و تکفین کی تیاریوں میں سرگرم ہیں۔ اردو کے حق میں پاکستان کی عدالتِ عظمیٰ کے ۸ ستمبر ۲۰۱۵ء کے تاریخ ساز فیصلے کے بعد بدقسمتی سے نام نہاد دانشوروں اور اشرافیہ نے باہم مل کر اردو کے خلاف طبلِ جنگ بجا دیا ہے۔ اب تو ایوانوں میں کھلے عام بے چاری اردو کے خلاف مشورے ہونے لگے ہیں۔ حال آں کہ بانیِ پاکستان قائداعظم محمد علی جناح نے ۲۱ مارچ ۱۹۴۸ء کو قوم

سے خطاب میں واضح طور پر فرمایا تھا کہ پاکستان کی سرکاری زبان اردو ہو گی، کوئی دوسری نہیں۔ آئینِ پاکستان بھی اسے قومی زبان کا درجہ دیتا ہے، مگر اس بے چاری کے حالات پاکستان میں کبھی اچھے نہیں رہے"۔

یہ ایک ایسے دردمند اور اردو کے عاشق کی تحریر ہے جو معروف معنوں میں "اہلِ زبان" نہیں۔ ہم ایک بار پھر واضح کر دیں کہ ہمارے خیال میں اہلِ زبان وہ ہے جو زبان کا صحیح استعمال کرے، خواہ وہ کوئی سی زبان ہو۔ انگریزی سمیت ہر زبان میں ماہرینِ لسانیات ہوتے ہیں جو زبان کی تہذیب اور درستی کے لیے مسلسل کام کرتے ہیں۔ اردو کے بارے میں کوئی ایسی کوشش کرے تو کہا جاتا ہے کہ "بات تو سمجھ آگئی ناں"۔ لیکن بات تو ایک ناخواندہ شخص، ایک کسان اور مزدور کی بھی سمجھ میں آجاتی ہے۔ اس کے بعد جناب غازی علم الدین بھارت میں اردو کی صورت حال کے موضوع پر آتے ہیں لیکن "ہم کو پرائی کیا پڑی اپنی نبیڑ لیں"۔ غازی صاحب نے عظیم اختر کے مضامین اپنی کتاب میں شامل کیے ہیں جو دہلی کی زبان، اس کی تہذیب، تاریخ اور ادب کا چلتا پھرتا دائرۃ المعارف ہیں۔ اردو اور دہلی ان کی دو کمزوریاں ہیں۔ ہندوستان میں اردو کے حوالے سے ان کے کئی مضامین شامل کیے گئے ہیں، مگر ہمیں تو شکوہ اپنے طبقۂ اشرافیہ، ذرائع ابلاغ اور دانشوروں سے ہے کہ جن کے چنگل میں پھنس کر اردو کا حال یہ ہے کہ:

قیدِ قفس میں طاقتِ پرواز اب کہاں
رعشہ سا کچھ ضرور ابھی بال و پر میں ہے

لیکن جب تک دردمندانِ اردو موجود ہیں۔۔۔ اور یہ بڑی تعداد میں ہیں۔۔۔

اردو کی طاقتِ پرواز نہ صرف بر قرار رہے گی بلکہ اس میں اضافہ بھی ہو گا۔ اب سندھ کے وزیر جناب ناصر حسین شاہ مبنی (مب۔نی) پر تشدد کر کے اسے مبّنی کہتے رہیں، یا جسارت کے ایک بزرگ کالم نگار اپنے شریر خامہ کے ذریعے 'باقاعدہ' کو "باقائدہ" لکھتے رہیں۔

'سوا' اور 'علاوہ' میں ذرائع ابلاغ فرق کرنے پر تیار نہیں۔ ۳دسمبر کو ایک ٹی وی چینل نے خبروں میں "فلاں کے علاوہ دیگر ۴افراد کے پروڈکشن آرڈر جاری ہو گئے" کہا۔ ۴دسمبر کے ایک اخبار میں بھی یہی سرخی تھی۔ یہاں علاوہ کا مطلب ہے کہ "فلاں صاحب" بھی ان میں شامل ہیں جن کے پروڈکشن آرڈرز جاری ہوئے۔ جب کہ یہاں 'سوا' ہونا چاہیے تھا۔ اب بھارت کا کیا ذکر کریں، لیکن بھارتی فلموں میں ہندی کے نام سے اردو کے جو گانے مقبول ہیں، عدالت اُن پر کیا کارروائی کرے گی؟ مثلاً بڑا مشور گانا ہے " تعویذ بنا کر پہنوں تجھے، آیت کی طرح مل جائے کہیں"۔ تعویذ اور آیت کا ہندی ترجمہ کریں اور پھر مقبولیت دیکھ لیں۔

***

۲

بنگالی 'ج' کو 'ز' سے بدل دیتے ہیں

پیر ۱۳ جنوری کے تمام اخبارات میں، اور نیوز چینلز پر بھی بنگلا دیش کرکٹ بورڈ کے صدر کا نام 'نظم الحسن' دیا گیا ہے۔ ہمارے نوجوان صحافیوں کو شاید یہ معلوم نہیں کہ بنگالی میں 'ج' 'ز' یا 'ظ' (Z) سے بدل جاتا ہے۔ ظاہر ہے کہ یہ خبر انگریزی میں آئی ہے چنانچہ 'نجم الحسن' نظم الحسن ہو گیا۔ نظم الحسن بنگالی میں بھی بے معنی ہے۔ یہ واقعہ دہرانا شاید بے وقت نہ ہو کہ مشرقی پاکستان کی علیحدگی سے پہلے ڈھاکا میں ایک بڑا مشاعرہ ہوا جس میں استاد جلیل مانکپوری بھی شامل تھے۔ ان کے ایک ساتھی نے کہا کہ اب دیکھیے، آپ کا نام 'ذلیل' ہو جائے گا۔ انہوں نے وثوق سے کہا کہ ایسا نہیں ہو گا۔ چنانچہ جب بنگالی معلن (مع لِن) نے ان کا نام پکارا تو جلیل مانکپوری ہی کہا۔ بعد میں ساتھی نے پوچھا کہ یہ کیسے ہوا؟ تو ہنس کر کہنے لگے "میں نے اپنا نام 'ذلیل' لکھ کر دیا تھا، چنانچہ حسبِ معمول 'ذ' کو 'ج' کر دیا گیا"۔ جدہ میں ایک بنگالی مولانا بچوں کو پڑھانے آتے تھے اور دعائیں بھی یاد کراتے تھے۔ وہ یہ دعا بھی یاد کراتے تھے "ربِ جدنی علما"۔ ان کے جانے کے بعد ہم تصحیح کروا دیا کرتے تھے کہ یہ "زدنی علما" ہے۔ Z کو جیڈ کہنا عام ہے۔ نجانے قرآن کریم پڑھتے

ہوئے کیا کہتے ہوں گے۔ جدہ ہی میں ہمارے دفتر میں مسجد تھی جو وہاں ہر دفتر میں ہوتی ہے۔ وہاں کوئی بھی شخص آگے بڑھ کر امامت کرا سکتا ہے۔ چنانچہ ایک بار عرب نیوز کے ایک شامی صحافی نے نماز پڑھائی۔ مقتدیوں میں ادارے کے ڈائریکٹر جنرل بھی تھے۔ انہوں نے سلام پھیرنے کے بعد اعلان کیا کہ آئندہ وہ شامی صحافی نماز نہیں پڑھائیں گے۔ وجہ یہی کہ بیشتر عربوں نے 'ق' کو 'گ' کہنا شروع کر دیا ہے۔ مصریوں نے 'ج' کو 'گ' کر لیا اور یہ وبا سعودی عرب میں بھی داخل ہو گئی ہے۔

نوجوان صحافی بھی کیا کریں جب ہمارے سیاسی رہنما بھی فاش غلطیاں کرتے ہیں اور ان کی یہ غلطیاں ٹی وی چینلز کی وجہ سے عام ہو رہی ہیں۔ ایک وفاقی وزیر یا مشیر مبیّنہ کو مبینہ (مبی نہ) کہہ رہے تھے۔ سندھ کے ایک وزیر "مبنی" پر تشدید لگا کر حساب برابر کر رہے تھے۔ بھَینٹ (بھ پر زبر) کو بھِینٹ بروزن اینٹ کہا جا رہا ہے۔ جسارت کے پیر کے شمارے میں شہ سرخی کی ذیلی میں "تصاویریں" شائع ہوا ہے۔ صحافی بننے کے لیے اب شاید علم کی ضرورت ہی نہیں رہی۔ اردو اخبارات میں جتنی غلطیاں ہوتی ہیں انگریزی اخبارات میں نہیں ہوتیں۔ ٹی وی پر ایک صاحب فوج کُشی ('ک' پر پیش) کہہ رہے تھے۔ کَش اور کُش میں فرق اب تک واضح نہیں ہوا۔ 'خود کُشی' کو عموماً "خود کَشی" ('ک' پر زبر) کہا جا رہا ہے۔ جب کہ کَش کا مطلب ہے: کھینچنا جیسے جاروب کَش، سگریٹ کا کَش وغیرہ۔ اور کُش کا مطلب ہے: مارنا، قتل کرنا۔ خود کُشی کا مطلب ہے: خود کو مارنا، قتل کرنا۔ کُش فارسی کا لفظ ہے اور اس کا مصدر کشتن ہے۔ یہ محاورہ مشہور ہے "گربہ کُشتن روزِ اوّل"۔ فوج کُشی کا مطلب تو

فوج کو قتل کرنا ہوا۔ جب کہ فوج کَشی کا مطلب فوجی چڑھائی کرنا ہے۔

جسارت میں ایک مضمون کی سرخی دیکھی "موٹاپا"۔ مضمون غالباً مٹاپا دور کرنے کے بارے میں تھا، لیکن یہ موٹاپا کیا ہے؟ اگر موٹاپا ہو سکتا ہے تو بوڑھاپا بھی ہوتا ہو گا۔ مٹاپا ہندی کا لفظ ہے اور موٹاپا ہو یا بوڑھاپا، اس میں واؤ نہیں آتا خواہ کوئی کتنا ہی موٹا یا بوڑھا ہو۔ اسی طرح موٹا سے مُٹائی ہے۔ اس میں بھی واؤ نہیں، یعنی یہ موٹائی نہیں ہے لیکن عام بول چال میں موٹائی ہی کہا جاتا ہے۔ لمبائی، موٹائی۔ تاہم لغت میں یہ مُٹائی ہے۔ ہمارے ساتھی اگر کبھی کبھی لغت بھی دیکھ لیں تو کوئی ہرج نہیں ہے۔

"بٹّے کھاتے میں"۔ ہمارا خیال تھا کہ یہ عوامی لفظ ہے، لیکن داغؔ دہلوی نے اسے اپنے شعر میں استعمال کیا ہے تو مستند ہو گیا:

چکی تھی قیمتِ دل ایک بوسہ وہ نہ ملی
یہ مال ڈال دیا ہم نے بٹّے کھاتے میں

بٹّے کھاتے کا مطلب ہے ناقابلِ وصول رقم، یا وہ رقم جس کا وصول ہونا مشتبہ ہو۔ 'بٹے کھاتے لکھنا' کا مطلب ہے کسی رقم کو ناقابلِ وصول قرار دینا۔ کچھ حکمرانوں کے وعدے بھی بٹے کھاتے میں درج ہوتے ہیں۔ بٹّا کے اور بھی کئی مطالب ہیں۔ یہ بٹا کبھی شان میں اور کبھی عزت میں بھی لگ جاتا ہے۔ بٹا لگنے کا مطلب ہے عیب لگنا، حرف آنا۔ اس کا مطلب کمی پڑنا، نقصان ہونا بھی ہے۔ بٹا وہ پتھر یا لوہے کا ٹکڑا بھی ہوتا ہے جس سے سل پر مسالا یا کوئی دوا پیستے ہیں۔ اب سل بٹے کا رواج کم ہوتا جا رہا ہے تاہم ابھی ناپید نہیں ہوا۔ اردو کے پہلے ناول نگار ڈپٹی

نذیر احمد جب ایک مدرسے میں پڑھتے تھے تو طالب علموں کی ایک ذمے داری یہ بھی تھی کہ لوگوں کے گھروں سے کھانا لایا جائے۔ محلے کی ایک لڑکی ایسی ظالم تھی کہ نذیر احمد کو روٹیاں دینے سے پہلے ڈھیروں مسالا (یا مصالحہ) پسواتی، اور اگر کچھ کوتاہی ہوتی تو اسی بٹے سے اُن کی انگلیوں کا مسالا پیسنے کی کوشش کرتی، یعنی بٹا انگلیوں پر مارتی۔ بعد میں یہی لڑکی ڈپٹی نذیر احمد کی بیگم بنی، اور امکان ہے کہ شادی کے بعد اس نے ڈپٹی صاحب سے مسالا پسوانا چھوڑ دیا ہوگا۔ ڈپٹی نذیر احمد کوئی ڈپٹی کمشنر نہیں بلکہ ڈپٹی انسپکٹر آف اسکولز تھے، ڈپٹی کمشنر تو انگریز ہی ہو سکتا تھا۔

اردو میں کئی الفاظ ایسے ہیں جن کا املا تو ایک ہی ہے لیکن معانی مختلف ہیں مثلاً سَدھَا، سُدھارنا اور سِدھارنا۔ سدھا (پہلے دونوں حروف پر زبر) کا مطلب ہے مانوس کیا گیا، سدھا سدھایا۔ سدھا مذکر ہے اور صفت ہے۔ سُدھارنا ('س' پر پیش) ہندی کا لفظ ہے جس کا مطلب ہے سنوارنا، درست کرنا، ٹھیک بنانا، سزا دینا۔ علاوہ ازیں آراستہ بنانا، مثلاً مولوی صاحب نے شاگرد کو خوب سدھارا۔ بطور دھمکی بھی کہا جاتا ہے کہ سدھر جاؤ ورنہ اچھا نہ ہوگا۔ اور سِدھارنا ('س' بالکسر) کا مطلب ہے رخصت ہونا، روانہ ہونا۔ داغؔ کا شعر ہے:

وہ سِدھارے اپنے گھر کو مجھ کو رہی یہ کشمکش
ضبط نے کھینچا ادھر دل سوئے دلبر لے چلا

کنایتہً دنیا سے رخصت ہونے کو بھی کہتے ہیں، جیسے فلاں صاحب کل سدھار گئے۔ کسی کو رخصت کرتے ہوئے بطور دعا کہا جاتا ہے "خیر سے سدھارو"۔

انشا کا شعر ہے:

کہا اب خیر سے گھر کو سدھارو
کسی کا مفت میں جی نہ مارو

سَدھانا کا مطلب ہے (جانوروں کے لیے) سکھانا، تعلیم دینا، مانوس کرنا۔ عام طور پر گھوڑوں اور کتوں کو سدھایا جاتا ہے۔ ان سے کرتب بھی کروائے جاتے ہیں۔ سِدھارو اور سُدھارو میں ہم اب بھی گڑبڑا جاتے ہیں۔ ہندی کا ایک محاورہ ہے "بدھ کام سُدھ"۔ یہ سدھ بھی سدھار سے ہے یعنی کام درست ہونا، ٹھیک ہونا۔ ویسے تو بدھ ایک دن کا نام ہے، لیکن ہندی میں عقل و سمجھ کو بھی کہتے ہیں۔ اور سمجھدار کو بدھی مان کہتے ہیں۔ گوتم بدھ کو اسی لیے بدھ کہتے تھے یعنی عقل مند، بدھی والا۔ بدھو طنزاً کہتے ہیں۔ درج بالا سطور میں کام سدھ کا محاورہ دیا ہے۔ سُدھ کا مطلب یادداشت، خبر، آگہی، ہوش بھی ہے۔ ہندی کا لفظ ہے اور مونث ہے۔ میر تقی میر کا مصرع ہے:

سدھ لے گھر کی بھی اے شعلہ آواز

اور داغؔ کا شعر ہے:

ادھر کی سدھ بھی ذرا اے پیامبر لینا
خدا کے واسطے جلدی مری خبر لینا

سدھ کے دیگر مطالب میں علم، واقفیت، دھیان، ہوشیاری، چوکسی، توجہ، غور، التفات بھی ہیں۔ سدھ بدھ کھو بھی جاتی ہے اور سدھ بدھ لی بھی جاتی ہے۔ جرات کا شعر ہے:

ہم دونوں کو کچھ اس بن سدھ بدھ نہیں ہے جرات

دل ہم سے بے خبر ہے، ہم دل سے بے خبر ہیں

لغت میں ایک بڑا دلچسپ لفظ دیکھا "کلپ"۔ یہ دلچسپ اس لیے ہے کہ لغت میں اس کا وہ مطلب دیا گیا ہے جسے ہم کلف کہتے ہیں اور یہ کپڑوں ہی پر نہیں جسم پر بھی چڑھ جاتا ہے۔ چنانچہ اکڑے اکڑے پھرتے ہیں۔ کلف لگے کپڑوں میں پھنسے ہوئے ایسے چلتے ہیں جیسے کوئی لڑاکا مرغ پالی میں اتر رہا ہو۔ اپنے آس پاس دیکھیں، آپ کو نظر آ جائیں گے۔ لیکن یہ کلف، کلپ کیسے ہو گیا؟ کلپ ہندی کا لفظ ہے اور لغت میں اس کا مطلب دیا گیا ہے وہ "اہار" (مسالا) جو دھوبی کپڑوں پر لگاتے ہیں۔ کلپ دار صفت ہے۔ حوالہ ڈپٹی نذیر احمد کے ناول "بنات النعش" سے دیا گیا ہے "بعض کپڑا کلپ دار یا دبیز ہوتا ہے"۔ کلپ دینا کا مطلب ہے مانڈی چڑھانا، عیب لگانا۔ اب لغت میں اہار اور مانڈی چڑھانا کا مطلب دیکھتے پھریے، سیدھا سیدھا کلف کہنے میں کیا ہرج ہے! کلپ سے کلپانا بنا ہے۔ یہ تو اردو میں مستعمل ہے لیکن اس کا مطلب ستانا، تڑپانا ہے۔ جیسے "وہ دن رات مجھے کلپایا کرتا ہے"۔ مزے کی بات یہ ہے کہ کلف کا مطلب لغت میں چہرے کی جھائیاں، سیاہ داغ جو چاند پر نظر آتے ہیں، سیاہ دھبے جو منہ پر ہو جائیں وہ بھی کلف کہلاتے ہیں۔ لیکن یہ استعمال اب تو پڑھنے سننے میں نہیں آتا۔

***

۳

خود مختیاری

۱۴ دسمبر کو صبح ہی صبح ایک قاری جناب ابو القاسم کا فون آگیا۔ جیسا اُن کا نام ہے ویسی ہی آواز بھی زوردار ہے۔ انھیں کبھی دیکھا نہیں، بس سنا ہی سنا ہے اور وہ بھی اُس وقت جب کہیں کوئی غلطی ہو جاتی ہے۔ اس لحاظ سے تو دن میں کئی بار فون آنا چاہیے، لیکن وہ طرح دے جاتے ہوں گے۔ ان کی آواز پہچانتے ہی بے ساختہ پوچھا "اب کیا غلطی ہو گئی؟" کہنے لگے "آج کے ادارتی صفحے پر ملک الطاف حسین نے اپنے مضمون میں لکھا ہے "افغانستان کی آزادی اور خود مختیاری"۔ یہ مختیاری کیا ہوتی ہے؟" یہ "مختیاری" یا "مختیار کار" وغیرہ اتنا عام ہو گیا ہے کہ پیچھا نہیں چھوڑ رہا۔ مختیار بالکل بے معنیٰ لفظ ہے، باقی بولنے اور لکھنے والوں کا اختیار ہے۔ لوگ میر تقی میرؔ کی بات بھی نہیں مانتے جنھوں نے کہا تھا

ناحق ہم مجبوروں پر تہمت ہے مختاری کی

اب یہ تہمت "مختیاری" کی ہے۔

مختار عربی زبان کا لفظ ہے اور مطلب ہے با اختیار، آزاد، مجاز۔ رشکؔ کا شعر ہے

عقل و حواسِ خمسہ کو بے کار کر دیا
ہم نے جنابِ عشق کو مختار کر دیا

قانون میں ایک 'مختارِ عام" بھی ہوتا ہے یعنی وہ شخص جس کے نام مختار نامہ عام ہو۔ ایک 'مختارِ مطلق" اور 'مختارِ کُل' بھی ہوتا ہے، لیکن یہ مختیاری کیا ہے ؟ اس کے بارے میں شاید پہلے بھی لکھا جا چکا ہے۔ لیکن جمہوری دور ہے، ہر ایک کو غلط سلط بولنے کا اختیار ہے۔ چنانچہ 'غَلَط' تو "غلُط" ہو ہی گیا ہے۔ غلط کا تلف 'غ۔ لت' ہے اور یہ بار بار سمجھانے کی کوشش کی گئی ہے۔ ہمارے وزرا اور اہلِ دانش ہسپتال یا اسپتال کو "ہسپ تال" کہیں تو ان کی مرضی۔ ہم تو اپنی وزیر اطلاعات کی اطلاعات ہی کو درست سمجھتے ہیں خواہ وہ غلط تلفظ ہی کیوں نہ ہو۔ ۱۳ دسمبر کی پریس کانفرنس میں انھوں نے بڑے دلچسپ الفاظ استعمال کیے۔ کہتی ہیں "صحافی رنجیدہ اور گرویدہ ہیں "۔ انھوں نے شاید کہیں کسی سے "گرویدہ" کا لفظ سن لیا ہو گا، اچھا لگا تو استعمال کر ڈالا، ورنہ رنجیدہ اور گرویدہ کا کوئی جوڑ نہیں۔ صاف ظاہر ہے کہ گرویدہ کا مطلب معلوم نہیں، پھر بھی ہم بی بی فردوس کے گرویدہ ہیں۔ گرویدہ ('گ' بالکسر) فارسی کا لفظ ہے اور گردیدن سے ہے۔ گردیدہ کا مطلب ہے فریفتہ، مائل، رغبت کرنے والا۔ بقول داغؔ

خوب آتا ہے لگا لینا نگاہِ یار کو
ایک سے ان بن ہوئی تو دوسرا گرویدہ ہے

اس کی مؤنث گرویدگی ہے، کسی کی محبت کو دل میں جگہ دینا۔ گمان ہے کہ وفاقی وزیر اطلاعات کے ذہن میں دل گرفتہ ہو گا جس کا رنجیدہ سے جوڑ ہے، یعنی

رنجیدہ اور دل گرفتہ۔ لیکن یہ لفظ شاید مشکل لگا۔ اوسط (او۔سط) تو "اوسط" بروزن دوست، گوشت، پوست ٹی وی چینلز پر عام ہے۔ وفاقی وزیر تعلیم صحافی بھی رہ چکے ہیں لیکن تلفظ پر بھی اسی طرح قابو نہیں جس طرح تعلیمی مسائل پر۔ ضامن کے 'م' کے نیچے زیر ہے (بالکسر)، لیکن چینلز پر یہ ضامن بروزن مامن اور دامن سننے میں آرہا ہے۔ یہ معمولی سی غلطیاں ہیں جن کو آسانی سے درست کیا جاسکتا ہے۔

ایک بڑے خوش فکر شاعر اور ادیب کے منہ سے ایک نیا لفظ سنا "چِہلیں" ('چ' بالکسر)۔ ہم آج تک اسے چُہلیں کہتے اور پڑھتے رہے گو کہ کبھی چہلیں کی نہیں۔ اب ایک مستند شاعر سے چِہلیں سن کر ہمیں بھی اشتباہ ہوا کہ شاید ہم غلط ہیں، لیکن اگر یہ چِہلیں ہے تو اس کا تعلق چہل یعنی چالیس سے ہونا چاہیے، جیسے چہل قدمی، چہل احادیث وغیرہ۔ قمر جلالوی کا مصرع ہے

چالیس قدم تو دشمن بھی تکلیف گوارہ کرتے ہیں

ہر مُردے کا زندہ پر حق ہے، لیکن کوئی یہ نہ سمجھے کہ اس سے مراد چہل قدمی ہے۔ رات کا کھانا کھانے کے بعد حکما مشورہ دیتے ہیں کہ کم از کم چالیس قدم ٹہل لینا چاہیے، زیادہ ہو جائیں تو کوئی ہرج نہیں۔ مگر یہ چُہلیں کیا ہیں؟ لغت کے مطابق چُہل ہندی کا لفظ ہے اور مطلب ہے ہنسی مذاق، خوش مزاجی (بروزن دُہل)۔ امیرؔ کا شعر ہے

دھو کے دیتے ہیں آنکھوں کو بیابانوں میں
چُہلیں کرتے ہیں چھلاوے ترے دیوانے سے

بطور صفت چہل باز کہتے ہیں یعنی ظریف، خوش مزاج۔

لغت میں چھل ('چ' بالکسر) کے حوالے سے ایسے فقیروں کا ذکر کیا گیا ہے جو دہکتے ہوئے انگاروں پر لوٹتے لوٹتے آگ بجھا دیتے ہیں۔ عوام ان کو چھلبدار کہتے ہیں جو چہل ابدال کا بگاڑ ہے۔ چہل ابدال یعنی چالیس ابدال کے بارے میں روایت ہے کہ یہ چالیس بزرگ دنیا میں ہر وقت موجود رہتے اور دنیا کا نظام چلانے میں مددگار ہوتے ہیں۔ واللہ اعلم۔ اسیرؔ کا شعر ہے

ہر روز لوٹتا ہے یہ داغوں سے آگ پر
دل ہجرِ یار میں چہل ابدال ہو گیا

سوداؔ نے چہل کو بالکسر کیا ہے، کوئی چُہلیں کو چِہلیں بھی کہہ سکتا ہے، کوئی سوداؔ کی اجارہ داری تھوڑی ہے۔ اپنی اپنی نظر ہے۔ سوداؔ ہی کا شعر ہے

رہ نوردوں کی چال کا ہے یہ حال
جوں بجھاتے ہیں آگ چہل ابدال

ایک قسم کا جھاڑ یا فانوس بھی چہل چراغ کہلاتا ہے۔

سچی بات یہ ہے کہ ہم بھی اس کالم میں چُہلیں زیادہ کرتے ہیں۔

ٹی وی چینلز پر ایک تلفظ بہت عام ہے "عدمے برداشت، عدمے تحمل" وغیرہ۔ یہاں عدم کے 'م' کے نیچے وہ زیر نہیں ہے جو اسے 'مے' بنا دیتا ہے۔ یہ بغیر یائے مختفی عدم بروزن کرم، ستم، جنم ہے۔

'لالچ' کسی طرح مذکر نہیں ہو پا رہا۔ کیا لالچ صرف مؤنث کو ہوتا ہے؟ عوام کی طرح لالچ بھی مؤنث ہو گیا ہے۔ بڑوں کی وجہ سے بچوں کا املا اور تلفظ بگڑ رہا ہے۔ جیو کے پروگرام خبرناک میں اب تک 'حِظ' ('ح' بالکسر) کہا جا رہا ہے اور کوئی صحیح

کرانے والا نہیں۔ سینئر صحافی اور ادیب ناصر بیگ چغتائی نے پیغام دیا ہے کہ جب وہ نیوز ایڈیٹر تھے تو انھوں نے "سِوا، سَوا اور سُوا" تینوں الفاظ صحیح تلفظ کے ساتھ لکھوا کر دفتر میں چسپاں کروادیے تھے۔ ظاہر ہے کہ ان تینوں الفاظ کا زیر، زبر، پیش سے مطلب بدل جاتا ہے۔ اب سُوا تو کم ہی استعمال ہوتا ہے اور لوگ پوچھے جانے پر لاعلمی کا اظہار کرتے ہیں، البتہ سِوا اور سَوا عام ہیں، لیکن شاید کچھ لوگ ان میں فرق نہ کرتے ہوں۔

پچھلے کالم میں اوکھلی اور موسلوں کا ذکر کیا تھا۔ خیال آیا کہ یہ محاورہ دلی والی عشرت جہاں ہاشمی کی کتاب "اردو محاورات کا تہذیبی مطالعہ" میں ضرور ہو گا۔ وہاں یہ محاورہ تو ہے لیکن انھوں نے بڑی عجیب وضاحت کی ہے کہ "اوکھلی لکڑی کے اس حصّہ (حصّے) کو کہتے تھے جس میں کسی شے کو ڈال کر "سِل" سے کوٹا جاتا ہے۔ کچھ دن پہلے تک گھروں میں اوکھلی بنی ہوتی تھی اور سِل رکھے رہتے تھے، انھوں نے 'موسلوں' کو بھی "مسلوں" لکھا ہے جو سہوِ کاتب ہو گا، لیکن اوکھلی کے ساتھ سل کا کوئی تعلق نہیں۔ سِل تو ایک الگ چیز ہے اور اب بھی بہت سے گھروں میں استعمال ہوتی ہے، گو کہ گرائنڈر نے اس کی جگہ لے لی ہے مگر سِل اپنی جگہ موجود ہے۔ محترمہ کو غلط فہمی ہوئی ہے کہ اوکھلی میں کوئی شے ڈال کر اسے سل سے کوٹا جاتا تھا۔ انھوں نے موسل کے پہلے دو حروف غائب کر دیے اور سل رہ گیا۔ یہ سہو نہیں، کیونکہ دو جگہ سل ہے۔ دہلی والے بھی جانتے ہیں کہ سل اور موسل میں کیا فرق ہے۔

***

۴

ٹڈیوں کی کڑھائی

گزشتہ دنوں کراچی پر بھی ٹڈی دل کا حملہ ہوا تو سندھ کے وزیر زراعت نے مشورہ دیا کہ لوگ ٹڈیاں پکڑ کر ان کی بریانی بنائیں، کڑاہی بنا کر کھائیں۔ اُمید ہے کہ انہوں نے خود بھی اس پر عمل کیا ہو گا۔ لیکن لطیفہ یہ ہوا کہ بیشتر اخبارات نے کڑاہی کو "کڑھائی" لکھا۔ ایک اخبار نے درمیان کی راہ نکالی اور "کڑائی" لکھ دیا۔

ہم نے اپنے ساتھی سے پوچھا کہ جب کڑھائی لکھا ہے تو اس کے ساتھ "سلائی" بھی لکھا جائے، کیونکہ عموماً سلائی، کڑھائی ایک ساتھ آتے ہیں، اور 'کڑاہی' کا کوئی تعلق "کڑھائی" سے نہیں ہے۔ کڑاہی بڑی ہو تو 'کڑاہو' بن کر مذکر ہو جاتی ہے۔ ایک محاورہ ہے "کڑاہی میں سر دیا تو موسلوں کا کیا ڈر"۔ موسلوں کی جگہ 'دھموکوں' بھی کہا جاتا ہے۔ بڑی کڑاہی کو کڑاہ اور کڑاہا بھی کہتے ہیں۔

ہندی کا لفظ ہے۔ "کڑاہی چڑھنا، یا چولہے پر رکھنا" کا مطلب ہے پکوان پکانا، ضیافت کا سامان کرنا۔ جیسے اُدھر بادل چھائے اور اِدھر کڑاہی چڑھی۔ خواتین میں ایک خیال یہ ہے کہ جو لڑکا یا لڑکی کڑاہی چاٹے اُس کے بیاہ میں بارش برستی ہے کڑاہی کی جگہ دیگچی چاٹنا بھی کہا جاتا ہے۔ بہر حال ٹڈی دل آنے اور صوبائی وزیر

کے چٹخارے دار بیان سے کتنے ہی لوگوں کو علم ہوا کہ ٹڈی حلال ہے، اسے کھایا جا سکتا ہے، گو کہ اس میں گوشت کے بجائے ہڈیاں ہی ہوتی ہیں۔ ٹڈی اور مچھلی دو چیزیں ہیں جن کو ذبح کرنے کی ضرورت نہیں۔ ایک اخبار میں "ٹڈی دل کا غول" بھی پڑھا۔ دل کا مطلب ہی انبوہ، فوج، لشکر ہے۔ ایک شعر ہے:

دل فوجِ ستم کا جو اُدھر سے اِدھر آیا
بدلی میں چھپا چاند، اندھیرا نظر آیا

دَل ('د' پر زبر) ہندی کا لفظ ہے اور اس کے مطالب جسامت، موٹائی، یا مٹائی جیسے شیشے کا دَل، پھوڑے کا دَل، پتّا جیسے تلسی دَل۔ دل بادل بہت سی فوج، درباری خیمہ، بڑا خیمہ۔ نواب اودھ آصف الدولہ کے ہاتھی کا نام دل بادل تھا۔ اس سے ایک لفظ دلدار ہے جس کا کوئی تعلق دِل دار سے نہیں۔ دَلدار کا مطلب ہے موٹا، دبیز۔ جیسے دَلدار پان، دَلدار تختہ۔ ویسے تو دِل دار بھی موٹا ہو سکتا ہے اور شہر میں۔ ہم نے دِل دار پان ہاؤس بھی دیکھا ہے۔ ایک مزاح گو شاعر کا شعر ہے:

دِلدار کو دل دے دیا خود ہو گئے بے دل
ہم آج سے پہلے کبھی بے دل تو نہیں تھے

بیدل کے نام سے کچھ شاعر بھی گزرے ہیں جیسے بیدل جونپوری، بیدل شاہجہاں پوری، ایسے ہی ایک شاعر نے جب اپنا مجموعہ کلام ہمیں دیا تو عرض کیا کہ نام میں دو نکتے کم ہیں۔ انہوں نے خوش دلی سے تسلیم کیا کہ وہ "پیدل" ہیں۔ اس سے ثابت ہوا کہ وہ عقل سے پیدل نہیں تھے۔

ہمزہ عربی کا لفظ اور مذکر ہے۔ اس کا مطلب ہے وہ الف جو کھینچ کر پڑھا

جائے۔ شروع میں آکر ہمزہ الف ہو جاتا ہے۔ عربی کے الفاظ میں ہمزہ آخر میں آتا ہے جیسے دعاء، بناء، فضاء، سماء وغیرہ۔ تاہم ماہرینِ لسانیات کا کہنا ہے کہ عربی الفاظ جب اردو میں آئیں تو ان میں ہمزہ لگانے کی ضرورت نہیں۔ بیشتر علماء نے اس سے گریز کیا ہے۔ اردو لغات میں بھی اسی طرح ہے، مثلاً نوراللغات میں دعا جیسے الفاظ کے آخر میں ہمزہ نہیں لگائی گئی۔ ایک شعر ہے:

گرمیوں میں جو پریشاں ہوئے ہم بادہ پرست
مانگی سر کھول کے ساقی نے دعا ساون کی

زیادہ پریشانی اور اضطراب میں ننگے سر دعا مانگتے ہیں۔ لیکن اب تو لگتا ہے کہ ہر شخص پریشانی اور اضطراب میں ہے، مساجد میں بھی نمازی ننگے سر نظر آتے ہیں۔ سما بھی فارسی اور اردو میں بغیر ہمزہ کے مستعمل ہے۔ سید مودودیؒ نے بھی ترجمہ قرآن مجید میں اردو ترجمے میں عربی کے الفاظ کے آخر میں ہمزہ نہیں لگائی۔ اس حوالے سے مزید وضاحت کوئی عربی دان ہی کرے۔

گزشتہ دنوں ایک سیاست دان نے حکمران کو مشورہ دیا کہ اپنے ماتھے پر کلنک کا ٹیکا نہ لگوائیں۔ کلنک بڑا دلچسپ لفظ ہے۔ ہندی کا ہے اور اس کے دو حصے ہیں، یعنی "کل اور انک"۔ کل کا مطلب ہے کالا، اور انک کے معنی ہیں نشان۔ انک کے الف پر زبر ہے، یہ انگریزی والا اِنک نہیں، نشان اس کا بھی پڑ جاتا ہے۔ تو کلنک کا مطلب ہوا کالا نشان۔ اس کا ٹیکا لگانا اپنی بدنامی اور رسوائی کا اشتہار لگانا ہے۔

کلنک سنسکرت سے ہندی اور وہاں سے اردو میں آیا ہے۔ اسی سے کلنک چڑھانا

بھی ہے، لیکن یہ اردو میں عام نہیں ہے۔ اس کا مطلب ہے بدنام کرنا، رسوا کرنا۔ اردو میں کلنک نہیں چڑھاتے، چاند چڑھاتے ہیں یا دیگ چڑھاتے ہیں۔ مزاروں پر چادر بھی چڑھائی جاتی ہے، لیکن چادر یا پھول چڑھانا مثبت معنوں میں آتا ہے۔ کلنک سے ہندی میں ایک اسم صفت "کلنکی" ہے یعنی بدنام، رسوا، ذلیل۔ کلنک سے ملتا جلتا لفظ "کلنگ" ہے جو لمبی ٹانگوں والا ایک آبی پرندہ ہے جسے "قاز" بھی کہتے ہیں۔ یہ بہت چربی والا پرندہ ہوگا اسی لیے "روغنِ قاز مَلنا" کی اصطلاح مکھن لگانے کے معنوں میں استعمال کی جاتی ہے۔ اس کے حوالے سے ایک مثل بھی ہے "اماں ٹینی باپ کلنگ، بچے دیکھو رنگ برنگ"

فارسی میں ظرف زماں میں 'یے' نہیں بڑھاتے بلکہ ایک کسرہ بڑھا دیتے ہیں، اسے اضافتِ ظرفی کہتے ہیں جیسے ریگِ بیاباں، جامِ مے، آبِ رواں وغیرہ۔ ذوقؔ کا مصرع ہے "کہوں اے ذوقؔ کیا حالِ شب ہجر"۔ یہ کلیہ ڈاکٹر عشرت جہاں ہاشمی (دہلی) کو بھی سمجھ لینا چاہیے، جنہوں نے "اردو محاورات کا تہذیبی مطالعہ "بڑی محنت سے مرتب کیا ہے، لیکن جہاں فارسی کے اشعار استعمال کیے ہیں وہاں کسرہ بڑھانے کے بجائے "یے "کا استعمال کیا ہے جیسے "یکسرے "۔

یہاں یکسر میں 'ر' کے نیچے زیر لگا کر اضافت کا استعمال کرنا چاہیے تھا۔ غنیمت ہے کہ انہوں نے میر کے مصرع میں کحلِ جواہر کو کحلے جواہر اور خاکِ پا کو خاکے پا نہیں لکھا۔ یہ بد سلوکی صرف فارسی اشعار میں روا رکھی ہے۔ ویسے تو محترمہ نے اردو کے مشہور اشعار کے ساتھ بھی بلا امتیاز برا سلوک کیا ہے۔

مثلاً ایک بڑے معروف شعر کا مصرع ہے "ارادے باندھتا ہوں، سوچتا ہوں، توڑ دیتا ہوں"۔ محترمہ نے اس میں تصحیح کرتے ہوئے ارادے کو "امیدیں" میں بدل دیا ہے۔ انہیں "آس" کے بارے میں وضاحت کرنی تھی کہ آس امید کو کہتے ہیں۔ چنانچہ اس کی تائید میں وہ امیدیں لے آئیں کہ امیدیں ہمارے خواب ہیں، خیال ہیں، توقعات ہیں وغیرہ وغیرہ۔ ظاہر ہے کہ اگر شعر کے مطابق وہ ارادے باندھتیں تو آس سے اس کا میل نہ ہوتا۔ آس، امید اور ارادے میں واضح فرق ہے۔ انہوں نے ایک فارسی مصرع درج کیا ہے "گرچہ خوردیم نسبتے است بزرگ"۔ یعنی اگرچہ ہم چھوٹے ہیں لیکن ہماری نسبت بڑی ہے۔ اس میں بھی وہی غلطی ہے کہ "نسبت" میں یائے اضافی لگانے کے بجائے نسبتے کر دیا۔

مصرع میں خوردیم استعمال کیا ہے جب کہ خورد کا مطلب تو کھانا ہے مثلاً خورد، برد۔ شاعر تو مر کھپ گیا ورنہ اپنے شعر کا یہ حشر دیکھ کر اب مر جاتا۔ ترجمے کے مطابق چھوٹے کی فارسی خرد ہے، خورد نہیں۔ غالباً یہ "خردایم" ہو گا۔

'خورد' بروزن برد ہے۔ یہ فارسی کا لفظ ہے، مطلب ہے طعام۔ خورد برد کرنا یعنی غبن کرنا، کھا جانا۔ خوردنی کا مطلب ہے کھانے کی چیز۔ کھانوں میں استعمال ہونے والا تیل بھی خوردنی تیل کہلاتا ہے۔ اسی طرح خوردنی تمباکو۔ خورد میں 'و' کا اعلان نہیں ہوتا اور تلفظ برد کے وزن پر ہے۔ چھوٹے، بڑے کے لیے فارسی ترکیب اردو میں عام ہے یعنی خرد و کلاں۔

موصوفہ نے ایک مشہور شعر کا حلیہ بھی بگاڑ دیا اور بلا تحقیق اس کو اسی طرح

درج کر دیا جیسا کہ وہ مشہور ہے۔ اس کا مصرع یوں دیا ہے "پہنچی وہیں پہ خاک جہاں کا خمیر تھا"۔ یہ شعر ایک مغل شہزادے جہاندار شاہ کا ہے اور یوں ہے:

آخر گل اپنی صرف درِ میکدہ ہوئی
پہنچے وہیں پہ خاک جہاں کا خمیر ہو

اس کتاب پر ایس ایم معین قریشی کی نظر نہ پڑے ورنہ کئی غلطیاں بر آمد ہوں گی۔

***

۵

"لیے" اور "لئے" کا آسان نسخہ

اردو کے لیے مولوی عبد الحق مرحوم کی خدمات بے شمار ہیں۔ اسی لیے انہیں "بابائے اردو" کا خطاب ملا۔ زبان کے حوالے سے اُن کے قول فیصل پر کسی اعتراض کی گنجائش نہیں۔ گنجائش اور رہائش کے بھی دو املا چل رہے ہیں، یعنی گنجایش، رہایش۔ وارث سرہندی کی علمی اردو لغت میں دونوں املا دے کر ابہام پیدا کر دیا گیا ہے۔ چنانچہ آج کل یہ دونوں ہی رائج ہیں۔ رشید حسن خان نے ہمزہ کے بجائے 'ی' سے لکھا ہے یعنی گنجایش، ستایش وغیرہ۔

بات ہو رہی تھی بابائے اردو کی۔ ہر چند کہ خطائے بزرگاں گرفتن خطا است۔ لیکن اپنی رائے کا اظہار تو کیا جا سکتا ہے۔ مولوی عبد الحق اپنی کتاب 'قواعدِ اردو' میں لکھتے ہیں: "بعض عربی الفاظ ایسے ہوتے ہیں کہ ان میں الف 'ی' کی صورت میں لکھا جاتا ہے جیسے عقبیٰ اور دعویٰ"۔ اردو میں ایسے الفاظ 'الف' سے لکھنے چاہئیں مثلاً دعوا، اعلا، ادنا۔ انہوں نے عقبیٰ کا حوالہ دے کر اسے الف سے یعنی عقبا نہیں لکھا۔ ہماری رائے یہ ہے کہ عربی کے جو الفاظ اپنے مخصوص املا کے ساتھ اردو میں آ گئے ہیں انہیں ایسے ہی لکھنا چاہیے۔ ایک وجہ تو یہ ہے کہ جب سے زبانِ اردو وجود میں

آئی ہے، عربی کے کئی الفاظ اپنے املا کے ساتھ ہی اردو بلکہ فارسی میں بھی جوں کے توں لے لیے گئے ہیں، جیسے صلوٰۃ، مشکوٰۃ، زکوٰۃ وغیرہ۔ چنانچہ اب املا "درست" کرنے کی مہم چلی تو تمام پرانے علمی، ادبی و مذہبی ذخیروں پر نظر ثانی کرنا پڑے گی۔ طالب علم ایک طرف تو اعلا، ادنا، دعوا پڑھے گا، دوسری طرف اسے پرانے لٹریچر (جو زیادہ پرانا بھی نہیں) اور لغات میں مختلف ہجے ملیں گے۔ یہ قرآنی املا ہے اور اسے بحال رکھنے کا ایک فائدہ یہ بھی ہے کہ قرآن پڑھنے والے کے لیے یہ الفاظ نامانوس نہیں ہوں گے۔ عربی الفاظ کا املا بدلنے کا رواج چل پڑا تو بات بہت آگے تک جائے گی۔ کیا عیسیٰ اور موسیٰ کا املا بھی بدل کا عیسا اور موسا کیا جائے گا؟ چھوٹا منہ بڑی بات، ہمیں تو اس سے اتفاق نہیں۔

کامران خان صرف 'الفاظ' یا 'جذبات' کہہ کر مطمئن نہیں ہوتے بلکہ شاید زور پیدا کرنے کے لیے "الفاظوں"، "جذباتوں" کا استعمال کرتے ہیں۔ ٹی وی کے میزبانوں کو خیال رکھنا چاہیے کہ اُن کی غلطیاں صرف اُن تک محدود نہیں رہتیں بلکہ سننے والوں کو بھی خراب کرتی ہیں۔ ہمیں حیرت ہے کہ اب تک کسی نے کامران خان کو "الفاظوں" کہنے پر نہیں ٹوکا! شاید یہ اختیار رکھنے والے خود بھی "جذباتوں" میں بہہ جاتے ہوں

بعض الفاظ کی جمع الجمع تو ہے جیسے دوا، ادویہ اور ادویات۔ لیکن کچھ لوگ زبردستی جمع الجمع بنا رہے ہیں۔ ٹی وی کے میزبان اور "روائے عافیت" کے شہرت یافتہ کامران خان صرف 'الفاظ' یا 'جذبات' کہہ کر مطمئن نہیں ہوتے بلکہ شاید زور پیدا کرنے کے لیے "الفاظوں"، "جذباتوں" کا استعمال کرتے ہیں۔ ٹی وی کے

میزبانوں کو خیال رکھنا چاہیے کہ اُن کی غلطیاں صرف اُن تک محدود نہیں رہتیں بلکہ سننے والوں کو بھی خراب کرتی ہیں۔ ہمیں حیرت ہے کہ اب تک کسی نے کامران خان کو "الفاظوں" کہنے پر نہیں ٹوکا! شاید یہ اختیار رکھنے والے خود بھی "جذباتوں" میں بہہ جاتے ہوں۔

بابائے اردو کی 'ے' پر ہمزہ لگانا صحیح نہیں ہے۔ لیکن ان کی مذکورہ کتاب جو انجمن ترقی اردو، پاکستان نے شائع کی ہے اُس میں باباجی کی 'ے' پر ہمزہ لگا ہوا ہے یعنی 'بابائے'۔ مولوی عبدالحق نے "اقوام" کو مذکر لکھا ہے، "جب یونانیوں کو دوسرے اقوام سے سابقہ پڑا"۔ ممکن ہے یہ کمپوزنگ کا سہو ہو، کیونکہ اگر قوم مونث ہے تو جمع ہونے پر بھی مذکر نہیں ہونی چاہیے۔ یہ تو صوبہ خیبر پختون خوا کے لوگ فخر سے کہتے ہیں کہ "ہمارا قوم" مونث نہیں مذکر ہے۔

لیے، دیے، کیے، چاہیے، کیجیے، دیجیے کے حوالے سے کہ ان الفاظ پر ہمزہ آنی چاہیے یا "یے"، سہ ماہی 'بیلاگ' کراچی کے تازہ شمارے میں مدیر اعلیٰ (بابائے اردو کے مطابق 'اعلا') عزیز جبران انصاری نے اچھی بحث کی ہے۔ محترم عزیز جبران انصاری ماہر لسانیات ہیں۔ انہوں نے ڈاکٹر راہی فدائی کا حوالہ دیا ہے کہ صدیاں گزر جانے کے باوجود اس پر اتفاق نہیں ہوا کہ لیے، دیے، گئے وغیرہ الفاظ کا املا ہمزہ کے ساتھ مناسب ہے یا بغیر ہمزہ کے۔ اس اعتراض کے جواب میں عزیز جبران انصاری نے ماہر لسانیات ڈاکٹر شوکت سبزواری کی کتاب 'اردو املا' کا حوالہ دیا ہے کہ "اگر پہلے حرف کے نیچے کسرہ یعنی زیر ہے تو ہمزہ کے بجائے "ی" استعمال ہو گی، جیسے لیے، دیے، کیے، چاہیے، کیجیے، دیجیے وغیرہ۔۔۔۔۔ اور 'ی' سے پہلے

حرف پر فتح یعنی زبر ہے تو ہمزہ کا استعمال ہو گا جیسے گئے اور نئے وغیرہ۔ یہاں 'گ' اور 'ن' پر زبر ہے اس لیے 'یے' کے بجائے "ئے "یعنی ہمزہ آئے گا۔ کتنا آسان سا فارمولا ہے۔

عزیز جبران لکھتے ہیں کہ اصل میں بات یہ ہے کہ ہمارے اردو کے اکثر اساتذہ جو اسکول یا کالج میں پڑھاتے ہیں، یا ایسے مضمون نگار جنہوں نے پچاس ساٹھ سال پہلے اردو کی تعلیم حاصل کی ہے وہ اپنا املا درست کرنے کی طرف توجہ نہیں دیتے۔ ہمارے قلم کار اپنا املا درست کرنا ہی نہیں چاہتے، اور کہتے ہیں کہ اب اس عمر میں کیا تبدیلی لائیں۔

لیے اور لئے کے حوالے سے ماہنامہ 'چہار سو' راولپنڈی کے شمارے (ستمبر اکتوبر ۲۰۱۵ء) میں "لسانی مباحث" کے عنوان سے پروفیسر غازی علم الدین میرپور، آزاد کشمیر نے بھی بحث کی ہے۔ وہ لکھتے ہیں کہ " لیے اور لئے میں لکھتے وقت عام طور پر فرق نہیں کیا جاتا۔ میرے نقطہ نظر کے مطابق مختلف معنوں کے ساتھ یہ دو الگ الگ مستقل لفظ ہیں۔ اردو میں لکھنے والوں میں سے بہت کم نے لیے اور لئے میں فرق سمجھا ہے۔ اس کی شاید یہی وجہ ہے کہ گیسوئے اردو ابھی منت پزیر شانہ ہے" (پذیر 'ذ' سے نہیں 'ز' سے ہے)

لیے (یا، کے نقطوں کے ساتھ لیکن ہمزہ کے بغیر) لینا مصدر سے فعلِ ماضی کا صیغہ جمع ہے جس کا واحد "لیا" ہے۔ کرنا مصدر سے کیا، کیے، پینا سے پیا، سینا سے سیا اور جینا سے جیا / جیے۔ مثال ملاحظہ کیجیے "احمد نے دس روپے لیے " اس مثال میں 'لیے' بمعنی حاصل کیے۔

امید ہے کہ اب لیے اور لئے میں فرق واضح ہو گیا ہو گا۔ موصوف نے لکھا ہے کہ لوگ کہتے ہیں اب اس عمر میں کیا تبدیلی لائیں۔ چلیے ان کی مجبوری ہے لیکن ہمارے نوجوان ساتھی یہ تبدیلی لانے پر آمادہ نہیں، اور بعض تو یہ کہتے ہیں کہ یہ نئی زبان ایجاد کی جارہی ہے۔ ہمارے 'لئے' تو وہی بہتر ہے۔

***

٦

پَل، پِل اور پُل

گزشتہ دنوں کئی اخبارات میں "دل کا وال" شائع ہوا ہے۔ یہ صحیح ہے کہ لوگ دلوں میں وال یعنی دیوار اٹھالیتے ہیں، لیکن دل میں بجائے خود کوئی وال یعنی دیوار نہیں ہوتی۔ اصل میں یہ لفظ والو ہے۔ حیرت ہے کہ ہمارے صحافی بھائی اس لفظ سے نا آشنا ہیں، اور اگر بتائیں تو اسے "والو" بروزن آلو اور خالو پڑھتے اور حیران ہوتے ہیں۔ اس والو کا ذکر پانی کی پائپ لائن کے حوالے سے بھی آتا ہے جہاں کوئی والو میں بھی ہوتا ہے۔ اسے بھی ہمارے بھائی وال میں ہی لکھتے ہیں۔ انگریزی کے الفاظ بگاڑے جائیں تو خوشی ہوتی ہے کہ صرف اردو ہی مظلوم نہیں۔ بہت پہلے والو کا ترجمہ "کھُل مندن" لکھا تھا، یعنی وہ آلہ جو کھلتا اور بند ہوتا ہو۔ دل کے والو کی صورت یہی ہے کہ یہ خون کی آمدورفت کو کنٹرول کرتا ہے، دیوار یا وال نہیں اٹھاتا۔ "مندن" کا استعمال تو اردو میں عام نہیں، لیکن مندنا یعنی بند ہونا عام ہے۔

دروازے کا بند ہونا، بھیڑا جانا، چھپنا۔ ایک شعر ہے:

مند گئیں کھولتے ہی کھولتے آنکھیں ہے ہے
خوب وقت آئے تم اس عاشقِ بیمار کے پاس

مندی مندنا کی صفت ہے اور عام طور پر آنکھ کے ساتھ مستعمل ہے۔

ایک ٹی وی چینل پر مزاحیہ پروگرام آتا ہے۔ اس کی جھلکیاں پیش کرنے والے صاحب بھی اپنے جملوں میں مزاح شامل کر دیتے ہیں۔ مثلاً حِظ اٹھانا ('ح' بالکسر) اور چَٹکلے ('چ' پر زبر)۔ شاید اُن کے خیال میں اس طرح پروگرام کا لطف سہ بالا ہو جاتا ہے۔ حَظ اٹھایا جائے یا نہیں، 'ح' پر زبر ہے بروزن خَط۔ خدا نہ کرے کوئی خط کو بھی خِط کہتا ہو اور سمجھتا ہو کہ خِطہ میں بھی تو 'خ' بالکسر ہے۔ اسی طرح چٹکلے کی 'چ' پر پیش لگانے سے اس کے لطف میں کمی نہیں آئے گی۔ اب یہ تو سب کو معلوم ہے کہ چٹکلا کیا ہوتا ہے۔ البتہ اسے "چَٹ کلا" کہنا خود ایک چٹکلا ہے۔ حیرت تو اس پر ہوتی ہے کہ تلفظ کی ایسی غلطیوں کا اعادہ کیا جاتا ہے، ورنہ اگلی بار تصحیح ہو جانی چاہیے۔

ایک مذہبی سیاسی جماعت کے ترجمان نے پریس ریلیز میں بڑے مزے کی اصطلاح استعمال کی ہے "جوک در جوک"۔ یقین ہے کہ انہوں نے جوک (JOKE) نہیں کہا ہو گا۔ لگتا ہے کہ وہ جوق در جوق کا جیسا تلفظ کرتے ہیں ویسا ہی لکھ ڈالا۔ ویسے بھی 'جوق' ترکی کا لفظ ہے اور مطلب ہے گروہ۔ آدمیوں، پرندوں کے گروہ۔ جوق در جوق کے علاوہ جوق جوق بھی کہا جاتا ہے، لیکن اردو میں "در" کے ساتھ ہی استعمال ہوتا ہے۔ لغت کے مطابق یہ مذکر بھی ہے اور مونث بھی۔

"جس اور جن" کے استعمال میں بے احتیاطی نظر آتی ہے، خاص طور پر اخبارات میں۔ یہ وہ 'جن' نہیں جس کے بارے میں اعلان ہو رہا تھا کہ "جن کا بچہ ہے، آ کر لے جائے"۔ اور لوگ سمجھے کہ یہ آتشی مخلوق کا بچہ ہے۔ بات یہ ہے کہ

کسی خبر یا جملے میں "جس "کا استعمال واحد کے لیے اور "جن "کا استعمال جمع کے لیے ہوتا ہے، مگر گڑبڑ ہو جاتی ہے۔ مثلاً "یہ وہ لوگ ہیں جس کے بارے میں ذکر ہو رہا تھا"۔ یہاں 'جن' آنا چاہیے، لیکن وہ والا نہیں جو کہتے ہیں کہ کسی کے سر پر آ جاتا ہے۔ مثلاً یہ شعر:

جب سے سایہ ان کو جن کا ہو گیا
بی پری خانم کو سودا ہو گیا

مزے کی بات یہ ہے کہ جنت کا مادہ بھی جن ہے۔ عربی میں اس کے معانی پوشیدہ کے ہیں۔ جنت بھی انسان کی نگاہوں سے پوشیدہ ہے۔ اسی طرح "جنین" وہ لڑکا جو ابھی ماں کے پیٹ میں چھپا ہو۔ جنون کا مادہ بھی جن ہے جس کا مطلب ہے دیوانگی، جس سے عقلِ انسانی پر پردہ حائل ہو جاتا ہے۔ ماہرینِ لغات کہتے ہیں 'ج' اور 'ن' جہاں بھی ایک ساتھ آئے، پوشیدگی کے معنی دیتا ہے۔ اردو میں تعظیم یا جمع کے لیے جس کی جگہ جن مستعمل ہے۔ مثلاً:

جن سے مل کر زندگی سے عشق ہو جائے وہ لوگ
آپ نے شاید نہ دیکھے ہوں مگر ایسے بھی ہیں

ہندی میں جَن ('ج' پر زبر) شخص، متنفس، آدمی، بشر کو کہتے ہیں۔ جَن سے جنا بنا لیا گیا ہے۔ مثلاً "ایک جنا آئے "۔ جنی اس کی تانیث ہے۔ انسان کا جنا، نٹ کا جنا، شیطان کا جنا۔ اور مونث کے لیے 'جنی' کا استعمال ہوتا ہے۔

ایک خاتون وزیر ہدیہ تبرک (تب۔ رک) پیش کر رہی تھیں۔ اگر وہ تبرّک ہی کہہ دیتیں تو لفظ تو صحیح ہوتا۔ تبریک (تب۔ ریک) کہنا انہیں نہ آیا۔ ایسے میں

مشکل الفاظ استعمال کرنا کیا ضروری ہے؟ بھرم تو رہ جاتا۔ لیکن بیشتر وزرا کا تلفظ غلط ہوتا ہے۔ ایک ٹی وی چینل کے نیوز کاسٹر بُحران کو بحران بروزن حیران کہہ کر حیران کر رہے تھے۔ یار، خبر پڑھنے سے پہلے کسی سے پوچھ ہی لیا ہوتا۔ بحران میں 'ب' پر پیش ہے۔ ویسے تو ہر طرف اس کا چرچا ہے لیکن اس کی اصل یونانی ہے۔ طب کی اصطلاح میں اس کا مطلب ہے "بیماری کے زور کا دن"۔ یہاں تو جو بیماریاں درپیش ہیں ہر دن ان کا زور رہتا ہے اور اگلے دن مزید زور بلکہ منہ زور۔

ایک ٹی وی چینل پر "خطرہ" کے عنوان سے ایک دلچسپ پروگرام آتا ہے جس میں مختلف خطرات کی نشاندہی کے ساتھ رواں تبصرہ بھی کیا جاتا ہے۔ ایسے ہی پروگرام میں ایک خچر انسان پر حملہ کر دیتا ہے۔ تبصرہ کرنے والے صاحب بتا رہے تھے "دیکھیے خچر ایک شخص پر پَل پڑا ہے"۔ انہوں نے پل کی 'پ' پر زبر لگا کر اردو زبان کو ایک نئے خطرے کی نشاندہی کر دی۔ 'پ' اور 'ل' کے ساتھ یہ لفظ تینوں حالتوں میں دستیاب ہے یعنی زبر، زیر اور پیش کے ساتھ (پَل، پِل، پُل) لیکن معانی الگ الگ ہیں۔ خچر ہو یا کوئی انسان، کسی پر حملہ آور ہو تو وہ پِل پڑتا ہے ('پ' کے نیچے زیر)۔ اور پَل ('پ' بالفتح) پلک کا مخفف ہے اور مونث ہے۔ مطلب ہے دم، لحظہ، منٹ کا ساٹھواں حصہ۔ پل بھر میں یعنی آناً فاناً، لمحہ بھر میں۔ محاورہ ہے "پَل کا بھروسا نہیں"۔ مشہور مصرع ہے "سامان سو برس کا ہے پل کی خبر نہیں"۔ ایک حاکم پر پُل سے گزرتے ہوئے حملہ ہوا تو انور مقصود نے کہا تھا "سامان سو برس کا ہے پُل کی خبر نہیں"۔ یہاں پَل کو پُل سے بدل کر لطف پیدا کیا گیا۔ پَل کٹنا یعنی وقت گزرنا۔ داغؔ کا شعر ہے:

کوئی پل ایسا نہیں کٹتا کہ جس میں چین ہو
دل لگاتے ہی یہ ہم پر کیا قیامت آگئی

اور پُل کا مطلب سب کو معلوم ہے، وضاحت کیا کرنی۔ فارسی کا لفظ ہے تاہم اردو میں افراد یا کثرت کے مبالغے کی جگہ بولتے ہیں۔ پل باندھا بھی جاتا ہے اور یہ تعریفوں کا پُل بھی ہو سکتا ہے۔ مثلاً داغؔ ہی کا شعر ہے:

میرے پیغامبر سے اس نے کہا
جھوٹ کا خوب تُو نے پل باندھا

پلِ صراط سے سبھی مسلمان واقف ہیں۔ استاد قلقؔ کا شعر ہے:

قلقؔ دعا ہے یہ اللہ سے قدم نہ ڈگیں
پلِ صراط پہ محشر میں جب کہ راہ چلے

اب "ڈگیں" کا مطلب ڈھونڈتے پھریے۔ ڈگ بھرنا تو مستعمل ہے لیکن یہ "قدم نہ ڈگیں " کیا ہے؟ لغت میں ڈگ تو ہے جس کا مطلب ہے قدم، دو قدم کے بیچ کا فاصلہ جو چلنے میں ہوتا ہے۔ جیسے کہا جاتا ہے "لمبے لمبے ڈگ بھرنا"۔ اب اگر یہ ڈگمگانا سے ہے یعنی ضعف و ناتوانی سے کھڑے رہنے اور قدم جمانے کی طاقت نہ رہنا، یا پھر یہ ڈگنا یعنی گرنا ہے تو کیا کہہ سکتے ہیں۔ قلقؔ ہی وضاحت کر سکتے تھے مگر اب قلق رہے گا۔

***

۷

سیاق و سباق سے ہٹ کر

"سیاق و سباق سے ہٹ کر"۔ یہ جملہ ہمارے جملہ سیاست دانوں اور مقتدر شخصیات کا پسندیدہ بیانیہ ہے۔ ویسے 'بیانیہ' کا لفظ بھی اردو میں نیا نیا ہے لیکن خوب رچ بس گیا ہے۔ ہمیں یقین ہے کہ جو سیاست دان بیان دینے کے بعد "سیاق و سباق سے ہٹ کر" کا نعرہ لگاتے ہیں اُن میں سے اکثر کو اس کا مطلب معلوم نہیں ہوگا کہ 'سیاق' کیا ہے اور 'سباق' کا مطلب کیا ہے۔ چاہیں تو پوچھ دیکھیں۔ اور سچی بات یہ ہے کہ ہمیں بھی کب معلوم تھا۔ ہر کس و ناکس کے منہ سے سن سن کر ہمیں بھی جستجو ہوئی۔

سیاق اور سباق (پہلا حرف بالکسر) عربی کے الفاظ ہیں اور معانی بڑے دلچسپ ہیں۔ 'سیاق' کا مطلب ہے رواں کرنا، چلانا، وہ ڈوری جو باز کے پاؤں میں باندھتے ہیں۔ ہمارے شکروں اور بازوں کے پیروں میں بھی ڈوریاں بندھی ہوئی ہیں۔ 'سیاق' کا ایک مطلب ہے علم حساب میں زبان و قلم دونوں کو زیادہ مرتبہ اور سرعت کے ساتھ حرکت ہوتی ہے۔ حساب کی یادداشت باز کی ڈوری کی طرح حساب کو بھولنے سے روک دیتی ہے، چنانچہ حساب لکھنے کے قواعد کو سیاق کہنے لگے۔

ایک مصرع ہے "سب سے الگ سیاق ہے اپنے حساب کا"۔

لغت کی یہ وضاحت خاصی مشکل ہے۔ آسان الفاظ میں کہا جائے تو مطلب ہے مضمون کا ربط، طرز، ڈھنگ، قرینہ۔ جیسے "سیاق عبارت سے ظاہر ہے کہ آپ کو دوسری طرف رجحان ہے"۔ کچھ ایسا ہی مطلب 'سباق' کا ہے جو سیاق کا مترادف ہے، یعنی دوڑنے میں سبقت لے جانا، علم حساب کی مہارت۔ علاوہ ازیں اس کا مطلب ہے رسّی یا وہ چیز جو رسّی سے پیوستہ ہو، وسیلہ، وہ چیز جس سے دوسری چیز کا وجود حاصل ہو۔ آسان اردو میں کہہ سکتے ہیں باعث، وجہ۔ سباق کے مطابق دوڑنے میں سبقت لے جانا، چنانچہ جب کوئی سبقت لے جانے کے لیے زبان کے گھوڑے کو بے لگام چھوڑ دیتا ہے تو ٹھوکر کھاتا ہے اور بات نشر ہوتی ہے تو کہہ دیتا ہے کہ اس کے فرمان کو سیاق وسباق سے ہٹ کر پیش کیا گیا ہے۔ اب خواہ ٹی وی چینلز اس کے اپنے الفاظ نشر کرتے رہیں۔ کیا ہی اچھا ہو کہ ہمارے حکمران، وزرا اور سیاست دان لکھ کر خطاب فرمایا کریں، ورنہ ترجمانوں کو مجبوراً کہنا پڑتا ہے کہ زبان پھسل گئی یا سیاق وسباق سے ہٹ کر پیش کی گئی۔

ہمارے ایک وفاقی وزیر عموماً شکوہ کرتے ہیں کہ ان کی بات کو توڑ مروڑ کر پیش کیا گیا۔ گزشتہ اتوار کے اخبار میں ان کا شاہکار جملہ ہے کہ "حلوہ مارچ کی بدبو سے تعفن پھیل چکا ہے"۔ ان سے کوئی پوچھے کہ بدبو اور تعفن میں کیا فرق ہے؟ یقین ہے کہ انہوں نے اپنی بات میں وزن پیدا کرنے کے لیے تعفن کا ٹوٹا جوڑ دیا ہے۔ مطلب انہیں معلوم نہیں ہو گا۔ کہتے ہیں "حلوہ مارچ کی بدبو"۔ ظاہر ہے کہ یہ موصوف نے طنزیہ کہا ہے، ورنہ حلوے میں بدبو نہیں خوشبو ہوتی ہے۔ بدبو دار حلوہ

شاید ان کے علاقے میں بنتا ہو۔ لیکن ایک وزیر تو کہہ رہے تھے کہ مارچ کے شرکاء کو حلوہ بھی پیش کریں گے۔

لغت میں سیاق کا مطلب دیکھتے ہوئے اگلے لفظ پر نظر پڑی۔ یہ لفظ ہے "سیان"۔ ہندی کا لفظ ہے اور مطلب ہے دانائی، ہوشیاری، چالاکی۔ اردو میں سیان اکیلا استعمال نہیں ہوتا، تاہم اس سے بننے والی ترکیب "سیان پت" ضرور استعمال ہوتی ہے، خاص طور پر پنجابی میں۔ اسی سے سیان پن ہے، اور سیانا تو بہت عام ہے۔ ایک محاورہ ہے "سیانا کوّا ہمیشہ گندگی کھاتا ہے"۔ کہتے ہیں کہ کوا بڑا سیانا ہوتا ہے، چنانچہ وہ کھانے والی چیز کی بڑی چھان پھٹک کرتا ہے اور ذرا سے شک پر چھوڑ دیتا ہے۔ نتیجتاً گندگی کھاتا ہے۔ 'سیانا' کی مونث 'سیانی' ہے یعنی ہوشیار، چالاک، عیار عورت۔ بھوت پریت اتارنے والے، تعویذ گنڈے کرنے والے کو بھی سیانا کہتے ہیں۔ خواہ وہ نرا دھوکے باز ہو مگر اپنے سیان پن سے لوگوں کو بے وقوف بنا کر رقم تو اینٹھ ہی لیتا ہے۔ اس کی کامیابی میں بے وقوفوں اور کمزور عقیدہ رکھنے والوں کا زیادہ دخل ہے۔ کہتے ہیں کہ بے وقوفوں ہی کی وجہ سے ہوشیاروں کا دھندا چل رہا ہے۔ ویسے بے وقوف بھی خوب لفظ ہے۔ وقوف عربی کا لفظ ہے جس کا مطلب ہے آگہی، ٹھیرنے کی جگہ، جیسے وقوفِ عرفات۔ مادہ اس کا "قف" ہے۔ اردو میں "موقف" نقطہ نظر کو کہتے ہیں جیسے فلاں صاحب کا اس معاملے میں یہ موقف ہے۔ (کسر سوم)۔ عربی میں اس کا مطلب ہے کھڑے ہونے کی جگہ، مقام۔ عرب میں ٹیکسی اسٹینڈ یا بس اسٹینڈ کو بھی موقف کہتے ہیں۔ جیسے جدہ میں موقف مکہ ہے جہاں سے مکہ کے لیے ٹیکسیاں چلتی ہیں۔ بعض بھولے بھالے پاکستانی ائرپورٹ سے ٹیکسی

لیتے ہیں اور ٹیکسی ڈرائیور موقف مکہ تک پہچانے کی بات کرتا ہے۔ وہ سمجھتے ہیں کہ سیدھا مکہ لے جائے گا۔ ایسے کئی واقعات جدہ میں رہ کر نظر سے گزرے کہ ٹیکسی ڈرائیور اور پاکستانی میں جھگڑا ہو رہا ہے۔ ہمارے سرکاری ادارے پیسے تو لے لیتے ہیں لیکن یہ معمولی باتیں سمجھانے کا وقت نہیں ہے۔

یہ بات تو بر سبیل تذکرہ آگئی۔ وقف ہی سے ایک لفظ موقوف ہے یعنی ٹھیرایا گیا۔ مجازاً اس کا مطلب ہے برخاست کیا گیا، ترک کیا گیا۔ وقف کا ایک مطلب ہے خدا کے نام پر چھوڑ دیا گیا۔ چنانچہ وقف کے نام پر جائدادیں ہیں، اب تک کوئی شعر نہیں آیا چنانچہ موقوف پر شعر سن لیجیے، مصحفیؔ کا ہے:

وصل منظور نہیں پاس بلاتے کیا ہو
کہیں موقوف بھی یہ پیار کرو تم اپنا

موقوف رکھنا، کسی پر منحصر کرنا، ملتوی کرنا۔ اور موقوف علیہ کہتے ہیں اُس شخص کو جس پر کسی کام کا فیصلہ منحصر کیا گیا ہو یعنی ثالث، پنچ، منصف وغیرہ۔

چلیے، یہ سلسلہ موقوف کرتے ہیں۔ ہمارے کچھ نامور سیاست دان جو بظاہر پڑھے لکھے بھی لگتے ہیں، سینیٹ تک پہنچے ہوئے ہیں، ٹی وی چینلز پر بڑے دھڑلے سے اوسط کو اوسط بروزن دوست، گوشت، پوست بولتے ہیں۔ یہ تو سوچ لیا کریں کہ ہمارا نوجوان طبقہ پہلے ہی اردو کو گھر کی لونڈی سمجھتا ہے، وہ ٹی وی پر سن کر اپنی زبان مزید خراب کرے گا۔ ارے بھائی اوسط (او۔ سط) میں پہلے اور تیسرے حرف پر زبر ہے اور وزن اس کا "اظہر، مظہر، گوہر سبقت وغیرہ ہے۔ یاد رہے کہ وزن اور قافیے میں فرق ہے۔

۲۷ اکتوبر تا ۲ نومبر کے جسارت کے سنڈے میگزین میں ایک دلچسپ مضمون نظر سے گزرا۔ یہ واضح نہیں کہ مضمون ظہیر خان کا ہے، جن کی تصویر لگائی گئی ہے یا نگہت ظہیر کا ہے۔ بہر حال کسی کا بھی ہو، مصنف نے مرزا غالب کے شعر میں بھی اصلاح کر دی ہے، وہ زندہ ہوتے تو بہت خوش ہوتے۔ ان کے ایک مصرع کے دو ٹکڑے کر کے اسے شعر بنا دیا۔ یہ شاید کمپوزنگ کا مسئلہ ہو کہ مصرع لمبا ہو تو بے قابو ہو جاتا ہے۔ مضمون میں غالب کا یہ مصرع شعر کی شکل میں چھپا ہے "وہ اپنی خو نہ چھوڑیں گے، ہم اپنی وضع کیوں بدلیں"۔

مرزا غالب نے دونوں جگہ "چھوڑیں" استعمال کیا ہے، یعنی "وہ اپنی خو نہ چھوڑیں گے ہم اپنی وضع کیوں چھوڑیں"۔ یہ صحیح ہے کہ چھوڑیں کی تکرار اچھی نہیں لگتی لیکن کیا مرزا اس کی جگہ "بدلیں" نہیں لکھ سکتے تھے جو سامنے کا لفظ ہے اور مضمون نگار نے استعمال کر ڈالا ہے۔ بہر حال مرزا غالب کی اصلاح پر مبارک باد۔ مرزا غالب نے تو اور بھی کئی غلطیاں کی ہیں۔ امید ہے ان کی بھی اصلاح کی جائے گی۔

ہم نے کئی بار عرض کیا ہے کہ بچوں سے متعلق کہانیوں، مضامین میں زیادہ احتیاط سے کام لیا جائے ورنہ ان میں غلطیاں پختہ ہو جائیں گی۔ ۳ تا ۹ نومبر کے سنڈے میگزین میں "لالچ بھی ایک عطا ہے" کے عنوان سے ایک کہانی شائع ہوئی ہے جس میں مصنفہ نے لالچ کو مونث لکھا ہے یعنی "ایسی لالچ"۔ ارے بی بی! لالچ مونث نہیں مذکر ہے۔ اس کے جواب میں "لالچ بری بلا ہے" کی مثل پیش کر دی جاتی ہے، لیکن اس میں بلا کو مونث کہا گیا ہے، لالچ کو نہیں۔ بی بی رضوانہ وسیم کو

ایک مشورہ کہ تہجد کی نماز کے لیے تھوڑی سی نیند لینا ضروری ہے۔ جب کہ ان کے مضمون یا کہانی میں ہے کہ "نیند آنکھوں سے کوسوں دور تھی چنانچہ تہجد کی نماز کے لیے نیت باندھ لی"۔ بچوں کے صفحے کا کوئی نگران ہے تو اسے توجہ دینی چاہیے۔ چلتے چلتے ایک دلچسپ جملہ "اسلام آباد میں کنٹینرز تعینات کر دیے گئے"۔

***

۸

خط و کتابت اور پتہ

امریکہ سے خوش فکر شاعر غالب عرفان نے پچھوایا ہے کہ کیا "کمرۂ امتحان" کی ترکیب درست ہے؟ ہم چونکہ بار بار کمرۂ امتحان میں داخل ہو چکے ہیں اس لیے ہمارے خیال میں تو یہ ترکیب صحیح ہے، یہ اور بات کہ کمرۂ امتحان میں کیسی گزری۔ اس استفسار سے توجہ "کمرہ" پر گئی کہ یہ کس زبان کا لفظ ہے۔ کمرے ہر گھر میں ہوتے ہیں، ایک، دو یا زیادہ۔ کبھی خیال ہی نہیں آیا کہ اس کا مطلب کیا ہو سکتا ہے۔ کسی کی کمر حد سے تجاوز کر جائے تو اسے مزاحاً کمرہ کہہ دیا جاتا ہے۔ ویسے تو یہ دنیا بجائے خود کمرۂ امتحان ہے، لیکن کمرہ نہ تو عربی، فارسی کا ہے، نہ ہندی کا، بلکہ یہ پرتگالی زبان سے آیا ہے۔ پرتگالی بھی برعظیم کے کچھ ساحلی علاقوں پر قابض رہے ہیں اور اُن کو اپنا کمرہ بنا لیا ہے۔ پرتگالی میں کمرہ بفتح اول و دوم ہے یعنی پہلے دونوں حروف پر زبر ہے۔ یہ کمرہ جب لاطینی زبان میں کھلا تو دوسرے حرف کو زیر کر لیا (بکسر دوم)۔ معنیٰ اس کے کوٹھڑی، حجرہ تھا۔ اردو میں بالفتح ہے بروزن شجرہ، ہمزہ۔ "آبِ حیات" میں محمد حسین آزاد نے اسے اطالوی زبان کا قرار دیا ہے۔

بہر حال اردو میں کمرے کا مطلب سب کو معلوم ہے۔ اس میں رہنے سے

غرض خواہ پرتگالی ہو، اطالوی ہو یا لاطینی۔ کمرہ کرائے پر لینا، کمرہ چکانا، خلوت خانہ وغیرہ عام استعمال ہے۔ عربی میں اسے غرفہ کہتے ہیں۔ سحر کا ایک شعر سن لیجیے:

چکائیں یوسف بازار چوک کے کمرے
بتوں کے رہنے کو ہے خانۂ خدا موجود

مزے کی بات یہ ہے کہ 'میز' بھی پرتگالی زبان کا لفظ ہے اور 'کرسی' عربی کا۔ اب رہی بات کمرۂ امتحان کی، تو اس میں 'امتحان' عربی کا ہے۔ اردو میں ایسی کئی تراکیب عام ہیں جن میں اور زبانوں کے الفاظ یکجا کر لیے جاتے ہیں۔ کمرۂ خواب بھی تو کہا جاتا ہے جب کہ 'خواب' (تلفظ 'خاب') فارسی کا ہے، لیکن خواب کہیں بھی دیکھا جا سکتا ہے۔ 'کرسی نشین' کی ترکیب بھی عام ہے۔ عربی میں 'میدان' چوک، چوراہے کو کہتے ہیں، جب کہ اردو میں کسی کھلی جگہ کو کہتے ہیں۔ عرب ممالک میں چوراہوں کے نام رکھے جاتے ہیں جیسے میدان دراجہ، میدان فلک۔ کراچی میں مکّہ چوک ہے۔ 'میدان التحریر' یعنی آزادی چوک اور کراچی میں خلافت چوک۔ چوک، چوراہے اور بھی شہروں میں ہیں۔ فیصل آباد کا گھنٹہ گھر چوک تو بڑا مشہور ہے۔ میدان پر ایک شعر سن لیں:

میدانِ امتحاں ہے کہتے ہیں جس کو دنیا
اللہ اپنے بندوں کو آزما رہا ہے

دوسرے مصرع میں شکست ناروا ہے، یعنی مصرع غلط جگہ سے ٹوٹ رہا ہے۔ اللہ اپنے بندوں۔ کو آزما رہا ہے۔ اصولاً کو، بندوں کے ساتھ آنا چاہیے۔ لیکن بندے، بندے میں بھی تو فرق ہوتا ہے۔ اس کی ایک مثال علامہ اقبالؒ کے مصرع

میں بھی ملتی ہے "کہ ہزاروں سجدے تڑپ۔رہے ہیں مری جبینِ نیاز میں"۔

شاعری سے ہمارا کوئی علاقہ نہیں، تاہم جسارت کے ایک کالم نگار بابا الف نے دِلّی اور لکھنؤ میں ادبی تنازع کے حوالے سے لکھا ہے کہ یہ مصرع دِلّی والوں نے لکھنؤ والوں کو بھیجا کہ "رگِ گل سے بلبل کے پَر باندھتے ہیں"۔ اس پر لکھنؤ والوں نے گرہ لگائی "سنا ہے کہ دِلّی میں الّو کے پٹھے۔رگِ گل سے بلبل کے پَر باندھتے ہیں"۔

اس واقعہ یا گرہ بندی کا کوئی تعلق دہلی اور لکھنؤ کی گروہ بندی سے نہیں ہے اور شعر بھی غلط ہے۔ اردو کے بڑے مشہور ہندو شاعر چکبست خفیفہ عدالت میں وکالت کرتے تھے۔ اب خفیفہ عدالت کی اصطلاح بھی متروک ہو گئی ہے۔ انگریزی میں اسے SMALL CAUSE COURT کہتے ہیں۔ اس عدالت میں خفیف یا چھوٹے معاملات پیش کیے جاتے تھے۔ عام طور پر زر نقد کے معاملات پیش ہوتے تھے۔ اب تو طرح طرح کی عدالتیں وجود میں آگئی ہیں جہاں سائلین خفیف ہوتے ہیں۔

بہر حال مذکورہ عدالت کے جج صاحب ادبی ذوق رکھتے تھے۔ انہوں نے اس مصرع پر گرہ لگانے کو کہا کہ "رگِ گل سے بلبل کے پَر باندھتے ہیں"۔ چکبست نے عدالت میں تو کچھ نہیں کہا کہ وکالت نامہ منسوخ نہ ہو جائے۔ باہر نکل کر انہوں نے گرہ لگا کر شعر مکمل کیا:

خفیفہ عدالت میں اُلّو کے پٹھے
رگِ گل سے بلبل کے پَر باندھتے ہیں

اس واقعہ کا کوئی تعلق دِلّی اور لکھنؤ سے نہیں۔ دِلّی کے حوالے سے یہ واقعہ پہلے

بھی کسی نے لکھا ہے۔ چکبست کا نام برج نارائن تھا(۱۸۸۲-۱۹۲۶)۔ بنیادی طور پر نظم کے شاعر تھے۔

یہ تو خیر ادبی مغالطہ تھا۔ ایک تاریخی مغالطہ دیکھیے۔

ایک ٹی وی چینل کے اینکر نے بیان کیا کہ جب دشمن کی فوج ہندوستان کی سرحد تک پہنچ گئی تھی تو خفیہ کے اہلکاروں نے مغل بادشاہ محمد شاہ کو رپورٹ دی۔ اس پر بادشاہ نے کہا "ہنوز دِلّی دور است"۔ تاریخی مغالطے کے باوجود یہ تو ثابت ہوا کہ اینکر کو دِلّی دور است کے بارے میں کچھ نہ کچھ علم ضرور تھا۔ اس کی داد دینی چاہیے۔ لیکن اصل واقعہ یہ نہیں ہے۔

مغل دور سے پہلے کا دور 'سلاطین کا دور' کہلاتا ہے۔ فیروز شاہ تغلق کے دور میں دہلی میں شیخ نظام الدین تاج الاولیا کی عوامی مقبولیت اس درجے کو پہنچی ہوئی تھی کہ سلطان کے ہواخواہوں نے اسے ڈرادیا کہ وہ آسانی سے دِلّی کے تخت پر قبضہ کر سکتے ہیں، حالانکہ حضرت شیخ نے کسی دھرنے کا اعلان نہیں کیا تھا۔ بادشاہ اُس وقت کسی مہم پر جارہا تھا، چنانچہ شیخ نظام الدینؒ کو دھمکی دی کہ واپس آکر نمٹوں گا۔ جب وہ واپسی میں دہلی کے قریب پہنچا تو شیخ کے مریدوں نے مشورہ دیا کہ کسی اور شہر کی طرف نکل جائیں، بادشاہ دہلی کے قریب آگیا ہے۔

اس پر شیخ نظام الدین تاج الاولیا نے یہ تاریخی جملہ کہا تھا "ہنوز دِلّی دور است"۔ یہ جملہ مغل بادشاہ محمد شاہ کا نہیں جو 'رنگیلا' کے نام سے مشہور ہے۔ شیخ نظام الدین مغلوں کے دور سے پہلے کے ہیں۔ ان کے مرید امیر خسرو بھی کئی پہلوؤں سے مشہور ہیں۔ کرنا خدا کا یہ ہوا کہ دہلی سے باہر بادشاہ کے استقبال کے

لیے اس کے ولی عہد محمد تغلق نے لکڑی کا ایک محل تعمیر کرایا تا کہ بادشاہ وہاں آرام کر کے دہلی میں داخل ہو۔ ہوا یوں کہ بادشاہ کے جرنیلوں نے یا خود محمد تغلق نے اپنے ہاتھی لکڑی کے محل کے ستونوں سے باندھ دیے۔ ہاتھیوں نے لکڑی کے محل کو تاش کے گھر کی طرح گرا دیا اور بادشاہ اس میں دب کر ہلاک ہو گیا۔ دِلّی اس کے لیے دور ہی رہی۔ کچھ مورخین کا خیال ہے کہ اس سانحہ میں محمد تغلق کا ہاتھ تھا جو بادشاہ بن گیا۔ مغل بادشاہ محمد شاہ کا معاملہ کچھ اور ہے، وہ پھر کبھی سہی۔

خیر یہ تو لاعلمی کے واقعات تھے۔ جسارت میں شائع ہونے والے مضامین میں بھی کالم نگار عوام کو مونث بنانے سے باز نہیں آتے۔ اسی طرح "خط و کتابت اور پتہ" کا معاملہ ہے۔ بہت پڑھے لکھے لوگ بھی خط و کتابت لکھنے سے گریز نہیں کرتے، جب کہ ان حروف کے بیچ میں 'و' نہیں آتا۔

کراچی سے شائع ہونے والا موقر رسالہ "العلم" ہے۔ نام کے حساب سے اس کا کام علم کا فروغ ہے۔ اس کے بانی بڑی علمی و ادبی شخصیت سید الطاف علی بریلوی تھے۔ اس کے پہلے ہی صفحہ پر لکھا ہوا ہوتا ہے "خط و کتابت کا پتہ"۔ چلیے، 'پتا' کو "پتہ" لکھنا تو قبول کیا جا سکتا ہے، لیکن ستم یہ ہے کہ خط و کتابت کا پتہ پروفیسر ڈاکٹر سید وقار احمد رضوی کے نام ہے جو خود بھی ایک بڑے عالم اور ماہر لسانیات ہیں۔

'معرکہ آراء' کی جگہ "معرکتہ الآرا" کی ترکیب بھی غلط ہے مگر لوگ اسے غلط العام قرار دے کر نظر انداز کر دیتے ہیں، حالانکہ یہ غلط العوام ہے۔ اسی طرح کراچی سے شائع ہونے والا ماہنامہ "البلاغ" ہے۔ یہ علمی، دینی رسالہ ہے جس کے نگران بہت بڑے علماء ہیں۔ مگر اس میں بھی "خط و کتابت کا پتہ" موجود ہے۔ ایسے

رسائل سے تو ہم دینی معلومات ہی نہیں زبان و بیان کا علم بھی حاصل کرتے ہیں۔ کیوں نہ لغت دیکھ لی جائے۔

***

۹

عربی کے تماشی کا تماشا

آج کل ہر طرف ایک تماشا لگا ہوا ہے۔ اور آج کل کیا، تماشا کب نہیں ہوتا! ایک شاعر نے اپنی غزل میں سوال بھی کیا ہے کہ "یہ تماشا ختم کب ہو گا؟" تماشا کو اخبارات "تماشہ" بھی لکھ دیتے ہیں۔ شاید اس طرح تماشے کی شدت یا اہمیت کم کرنا مقصود ہو۔ لیکن یہ تماشا عربی سے آیا ہے اور عربی میں یہ 'تماشی' ہے۔ اس کا مطلب ہے باہم مل کر پیدل چلنا۔ فارسی والوں نے اسے تمنا، تقاضا کے مثل تماشا کر لیا۔ چونکہ سیر و تفریح کے مقام پر اکثر پا پیادہ ہی چلتے ہیں یا چلتے تھے بشرطیکہ جگہ جگہ کچرے کے ڈھیر نہ ہوں۔ بہر حال اس طرح عرفِ عام میں 'تماشا' تفریح اور شوق کے ساتھ دیکھنے کے معنی میں مستعمل ہو گیا۔ اہلِ فارس کے کلام میں تماشا دو معنوں میں مستعمل ہے۔ ایک ہنگامہ، دوسرے وہ چیز جس کو تعجب یا شوق سے دیکھیں۔ یہ مذکر ہے۔ دیدِ نظارہ کے معنوں میں بھی استعمال ہوتا ہے جیسے یہ محاورہ "بوڑھے منہ مہاسے، لوگ آئے تماشے"۔ "لوگ آئے" کی جگہ "لوگ چلے" بھی سنا ہے۔ اس محاورے سے ظاہر ہے کہ بڑھاپے میں مہاسے نکلنا کوئی اچھی بات نہیں، گویا یہ جوانی کی علامت ہے۔ لیکن بڑھاپے کی عمر کا تعین کون کرے گا؟

مختلف ممالک میں بڑھاپے کی عمر مختلف ہوتی ہے۔ اس حوالے سے ایک اور کہاوت مردوں کے بارے میں ہے "ساٹھا، پاٹھا"۔ یعنی مرد ساٹھ برس کی عمر میں بھی پاٹھا ہوتا ہے۔ 'پاٹھا' ہندی کا لفظ ہے اور مطلب ہے "ہاتھی کا بچہ"۔ مجازاً پہلوان یا پست قد اور فربہ شخص کو کہتے ہیں۔ ہم سمجھتے رہے کہ 'پاٹھا' پٹھا سے ہے جیسے پٹھا فلاں۔ یہ پہلوانوں کی اصطلاح ہے۔ ویسے تو ایک پٹھا اُلّو کا بھی ہوتا ہے اور پٹھا عصب کو بھی کہتے ہیں جس کی جمع اعصاب ہے۔ یہ بھی پٹھے کہلاتے ہیں۔ سر کے دونوں طرف کے بال بھی پٹھے کہلاتے ہیں۔ پٹھا نو عمر، نوخیز، نوجوان کو بھی کہتے ہیں۔ داغؔ کا شعر ہے:

دیو غم سے لڑا ہے دل کشتی
یہ بھی پٹھا بلا کا نکلا ہے

اُلّو کے پٹھے کے لیے مزے کا شعر ہے:

پیامی تُو ہے کیا اُلّو کا پٹھا
سمجھتا ہی نہیں کچھ بات میری

پٹھا ('پ' پر زبر) اس موٹے کاغذ کو بھی کہتے ہیں جو کتاب کی حفاظت کے واسطے چڑھا دیتے ہیں۔ اور اگر پہلے حرف یعنی 'پ' پر پیش ہو تو اس کا مطلب پٹھ یا پیٹھ ہے۔ قسائی کی دکان پر لوگ پٹھ کا گوشت طلب کرتے ہیں، جلدی گل جاتا ہے۔ اسی سے ایک محاورہ ہے "پٹھے پر ہاتھ نہ رکھنے دینا"۔ ویسے تو یہ اُس گھوڑے کے بارے میں ہے جو بدن چھونے نہ دے۔ لیکن یہ انسانوں کے لیے بھی مستعمل ہے، یعنی ایسا شخص جو پاس نہ پھٹکنے دے۔ مثلاً یہ کہا جائے کہ ایک فریق تو مذاکرات

کی بات کر رہا ہے اور دوسرا اپٹھے پر ہاتھ ہی نہیں دھرنے دیتا۔

'فریق' پر یاد آیا کہ اخبارات عموماً کئی یا "تمام فریقین" لکھ رہے ہیں، جب کہ فریقین کا مطلب ہے دو فریق۔ عربی میں فرق کی صفت مشبہ، اردو میں 'فریق' مدعی، مدعا علیہ یا دو مقابلہ کرنے والے اشخاص یا گروہ میں سے ہر ایک کو کہتے ہیں، اور 'فریقین' کا مطلب ہے دونوں مقابل شخص یا گروہ۔ طرفین، مدعی اور مدعا علیہ۔ اگر دو سے زیادہ فریق ہوں تو اردو میں 'فریقوں' لکھنا بہتر ہو گا۔ مثلاً "تمام فریقوں"۔

گزشتہ دنوں جسارت میں ایک خبر میں "دست راز" شائع ہوا۔ متعلقہ شخص سے پوچھا تو اُس نے وضاحت کی کہ ایک ایسا شخص جو کسی کے معاملات کو راز میں رکھے۔ ایسا لگتا ہے کہ جسارت کی یہ خبر قائد اعظم اکیڈمی میں بھی توجہ سے پڑھی گئی۔ چنانچہ ۲۱ اکتوبر کو اس معتبر ادارے سے جو پریس ریلیز جاری ہوئی اس میں بھی "دست راز" موجود ہے۔ جسارت کی غلطی کو سند بنانے کا شکریہ۔ ماہنامہ عالمی ترجمان القرآن بھی بہت معتبر رسالہ ہے جو سید مودودیؒ نے جاری کیا تھا اور پروفیسر خورشید احمد اس کے مدیر ہیں۔ لیکن اس میں بھی زبان و بیان کی غلطیاں دخل پا رہی ہیں مثلاً "لمحہ فکریہ"۔ صحیح 'لمحہ فکر' ہے۔

کراچی کے اخبارات میں کچھ عرصے سے ایک محلے کا نام "اے بی سینا" چھپ رہا ہے۔ دو، ایک بار سمجھایا بھی، لیکن ہمارے رپورٹر سمجھتے ہیں کہ یہ اے بی (A-B) ہے۔ اگر ایسا ہے تو اسی کا مطلب معلوم کرنے کی کوشش کی جاتی۔ یہ دراصل ایبے سینا ہے جو افریقا کا ایک شہر ہے۔ کسی کی نظم بھی ہے "ایبے سینا کی لاش"۔ جب برعظیم پر انگریز مسلط تھے تو وہ مختلف ممالک میں موجود اپنے فوجی دستوں کو

بلواتے اور ان کے لیے بنائی گئی بیرکوں میں رکھتے۔ یہ بیرکیں انہی شہروں سے منسوب ہوتیں جہاں سے یہ دستے آتے تھے۔ ان کی بیرکیں چوں کہ ایک لائن میں ہوتی تھیں اس لیے یہ علاقے لائنز ایریا کہلائے جن میں ایبے سینا لائنز، ٹینشیا لائنز، جیکب لائنز وغیرہ ہیں۔ ان بیرکوں میں اب بھی سندھ حکومت کے دفاتر ہیں۔ راولپنڈی میں ایک مشہور محلہ ہے "لال کڑتی"۔ اس کی وجہ تسمیہ بھی وہی ہے جو ایبے سینا کی ہے۔ وہاں پر اسکاٹ لینڈ سے بلوائے گئے دستے متعین کیے گئے تھے۔ اسکاٹ لینڈ کے فوجی ایک لال رنگ کا گھگرا پہنتے ہیں، اس کو راولپنڈی والوں نے "لال کرتی" قرار دیا، اور کرتی کو جانے کیوں کڑتی کر لیا، حالانکہ راولپنڈی میں بھی کرتا اور کرتی کہا جاتا ہے۔ یاد رہے کہ کرتی خواتین کا پہناوا ہے یا تھا۔ بہرحال یہ علاقہ آج بھی لال کڑتی کہلاتا ہے۔ لیکن "ٹینچ بھاٹہ" کی وجۂ تسمیہ کیا ہے یہ کوئی پنڈی وال ہی بتائے گا۔ اسلام آباد یونیورسٹی میں ہمارے ایک استاد اسے پٹینچ بھاٹہ پڑھتے تھے۔ وہاں جانے والی بسوں پر ٹینچ بھاٹہ لکھا ہوا ہوتا تھا، اب کا پتا نہیں کہ بسیں رہ گئیں یا نہیں۔

اخبارات میں عام طور پر "علیحدہ" لکھا جاتا ہے، اور ہمارے خیال میں یہ فصیح ہو چکا ہے۔ ویسے عربی میں اس کا املا 'علاحدہ' ہے۔ علیحدہ میں 'ل' پر کھڑا زبر تھا جیسے عیسیٰ اور موسیٰ۔ یہ کھڑا زبر عربی میں مقصورہ کہلاتا ہے۔ ادنیٰ اور اعلیٰ پر سے تو یہ الف مقصورہ غائب کر ہی دیا گیا ہے۔ اسی طرح علیٰحدہ سے بھی غائب ہو گا۔ تلفظ اس کا 'علیٰ حدہ' ہے۔ علیٰ اوپر اور حدہ کا مطلب جدا، تنہا، الگ۔ علیٰحدہ کرنا کا مطلب ہوا: جدا کرنا، الگ کرنا، موقوف کرنا۔ اس کا مطلب چھانٹنا اور انتخاب کرنا بھی ہے۔

عربی میں کہتے ہیں "علٰے وجہ الکمال"۔ یعنی کامل طور پر۔ علی الاعلان، علیٰ ہذا القیاس وغیرہ۔ خانہ کعبہ کے قریب جو قبرستان ہے اسے بہت سے لوگ جنت المعلیٰ کہتے ہیں، معلیٰ بروزن مصلیٰ۔ جب کہ اس کا تلفظ "معلا" ہے یعنی "مع۔لا"۔

اسی طرح اعلانیہ بھی بغیر الف کے ہے یعنی 'علانیہ'۔ تاہم عربی میں لفظ 'اعلان' ہے یعنی اظہار، ظاہر کرنا۔ ناسخؔ کا شعر ہے:

یہ زمیں اچھی نہ تھی ناسخ ولیکن فکر نے
حسن پیدا کر دیا ہے نون کے اعلان سے

یہ شاید ہم پہلے لکھ چکے ہیں کہ اردو کا 'لیکن' عربی کا 'لاکن' ہے۔ یہاں بھی 'ل' پر کھڑا زبر ہے۔ قرآن کریم میں بھی "ولاکن" آیا ہے۔ لیکن اب اردو میں لیکن، اعلانیہ اور علیحدہ ہی درست سمجھا جائے گا۔

ٹی وی چینلز پر تلفظ میں زیر، زبر کی غلطیاں بڑھتی جا رہی ہیں۔ کبھی ایسی غلطیاں انگریزی میں کر کے دکھائیں۔ مثال کے طور پر ہدایت میں پہلا حرف بالکسر ہے لیکن ماہرین اس پر زبر لگا دیتے ہیں۔ ایک بڑے ادیب و شاعر کے بیٹے بھی زبان کی اصلاح کرتے ہیں لیکن وہ انتڑیاں کو انتڑ۔ یاں کہہ رہے تھے۔ اس میں نون ساکن ہے۔

***

۱۰

بغیر حلوے کے پوری

ہم کیا اور ہماری بساط کیا، بڑوں کی غلطیاں پکڑ کر بڑا بننے کا شوق ہے۔ لیکن بڑوں کی غلطی چھوٹوں کے لیے سند بن جاتی ہے۔ ہمارے کچھ ساتھی تواتر سے "خانہ پوری" لکھتے ہیں۔ نظر پڑ جائے تو ٹھیک کروادیتے ہیں۔ ایسے ہی ایک نوجوان ساتھی جمعہ ۱۱ اکتوبر کا جسارت لے کر بیٹھ گئے جس کے ادارتی صفحے پر ایک بہت بڑے کالم نگار نے اپنے مضمون میں کئی جگہ "خانہ پوری" لکھا ہے، اور یہ کمپوزنگ کی غلطی بھی نہیں ہے۔ ان کے لکھے کو "مستند" قرار نہیں دیا جاسکتا۔ نوجوان ساتھیوں میں سے جب کوئی "خانہ پوری" لکھتا ہے تو ہم اُس سے یہ ضرور پوچھتے ہیں کہ پوری کے ساتھ حلوہ کہاں ہے، کہ پوری کے ذکر پر حلوہ ہی یاد آتا ہے۔ اصل میں یہ لفظ 'پُری' ہے یعنی خانہ پُری۔ مطلب ہے نقشہ بھرنا، جگہ بھرنا وغیرہ۔ 'پُر' کرنے کا مطلب تو معلوم ہی ہے، اسی سے 'پُری' ہے ('پ' پر پیش، ورنہ پری بن کر اُڑ جائے گی)۔ فارم پُر کیے جاتے ہیں جن سے سبھی کو واسطہ پڑتا ہے۔ پُر پر خوامخواہ ایک شعر یاد آ گیا:

پُر ہوں میں درد سے یوں راگ سے جیسے باجا

اک ذرا چھیڑیے پھر دیکھیے کیا ہوتا ہے

ممکن ہے پہلے مصرع میں کچھ گڑبڑ ہو، کوئی صاحب چاہیں تو تصحیح کر سکتے ہیں۔ پُر، خالی کا مقابل ہے۔ چنانچہ جو خانے خالی ہوں انہیں پُر کیا جائے تو خانہ پُری کہلائے گا۔ بطور سابقہ پر کئی الفاظ میں شامل ہے جیسے پُر آب، پُر مغز، پُر پیچ، پُر شکم وغیرہ۔ 'پر' فارسی کا ہے اور خانہ بھی۔ 'پر' ہندی میں چمڑے کے اُس بڑے ڈول کو کہتے ہیں جس سے کنویں سے پانی نکال کر آبپاشی کی جائے۔

جسارت ہی کے ایک کالم نگار نے لکھا ہے "ورطۂ حیرت سے عدالتوں کو دیکھتا انصاف"۔ صاف ظاہر ہے کہ موصوف کو 'ورطہ' کا مطلب نہیں معلوم، اور معلوم کرنے کی زحمت بھی نہیں کی۔ بس جملے کو بارعب بنانے کے لیے ورطہ پکڑ لائے۔ ورطۂ حیرت تک تو صحیح ہے، لیکن ورطہ عدالتوں کو دیکھتا ہے نہ انصاف کو، بلکہ کسی کو بھی نہیں دیکھتا۔ ورطہ کا مطلب ہے "ہلاکت کا مقام، ایسی زمین جہاں رستہ نہ ہو"۔ مجازاً بھنور یا پانی کے چکر اور گرداب کو کہتے ہیں۔ جو مستعمل ہے وہ ہے "ورطۂ حیرت میں ڈوب جانا"۔ یعنی حیرت بھنور میں پھنس کر غوطے کھانے لگی۔

ایک بڑا دلچسپ املا شائع ہو رہا ہے اور کچھ لوگوں کی زبان پر بھی ہے۔ یعنی املا اور تلفظ دونوں ہی مزے کے ہیں۔ یہ لفظ ہے 'ہراول'۔ جسارت سمیت کچھ اخبارات میں اسے تشدید کے ساتھ لکھا جا رہا ہے یعنی ہر۔ اوّل۔ کچھ ٹی وی چینلز پر بھی اسی طرح سننے میں آرہا ہے۔ صحافی بھائی سے پوچھو تو وہ بڑے وثوق سے کہتا ہے کہ یہ "ہر اوّل" ہے۔ چلیے اوّل تو سمجھ میں آگیا، پھر یہ "ہر" کیا ہے؟ کیا یہ انگریزی کا HER ہے یا سنسکرت کا "ہر"۔ ہندوؤں کے نزدیک اس کا مطلب وشنو، کرشن،

مہادیو وغیرہ ہے۔ ہر بھجن کا مطلب ہے وشنو کی عبادت۔ یہ 'ہر' فارسی میں بھی ہے اور اردو میں عام ہے۔ جیسے ہر دفعہ، ہر بار، ہر گھڑی۔ اہلِ زبان یہ لفظ جمع کے ساتھ استعمال نہیں کرتے۔ جیسے ہر لوگ، ہر ممالک، یہ غلط ہے۔ ناسخ کا مصرع ہے

"ہیں حسیں اور بھی پر تجھ میں ہے ہر بات نئی"

احمد فراز کا شعر ہے:

بیاں ہر ایک سے دل کی حالتیں کرنی
فراز تجھ کو نہ آئیں محبتیں کرنی

بہر حال 'ہراول' ایک ہی لفظ ہے اور بغیر کسی تشدد کے (ہرا۔ ول)۔ اس کا مطلب ہے "وہ تھوڑی فوج جو لشکر کے آگے چلے، لشکر کا پیش خیمہ۔

اسلام آباد سے شائع ہونے والا 'اخبار اردو' زبانِ اردو کے حوالے سے ایک معتبر رسالہ ہے جو ادارہ فروغِ قومی زبان کے تحت شائع ہوتا ہے اور فروغِ قومی زبان میں حصہ لے رہا ہے۔ اس شمارے (اگست ۲۰۱۹ء) میں داؤد کیف کا مضمون "اردو اور بلوچی کا سنگم" نہ صرف دلچسپ ہے، بلکہ اس میں یہ سبق بھی ہے کہ مقامی زبانوں کو بھی اردو میں شامل کیا جائے۔ اردو تو ویسے بھی مختلف زبانوں کی آمیزش سے وجود میں آئی ہے۔ عربی اور فارسی کے علاوہ اب تو انگریزی کے الفاظ بے تحاشا جگہ پا رہے ہیں بلکہ ٹھونسے جا رہے ہیں۔ انگریزی کے وہ الفاظ جو اردو میں اپنی جگہ بنا چکے ہیں اور اب زبان کا حصہ بن گئے ہیں اُن کو ترک کرنے یا متبادل تلاش کرنے کی ضرورت نہیں، تاہم جن انگریزی الفاظ کا متبادل اردو میں موجود ہے اسے ترک نہیں کرنا چاہیے۔ مثلاً ہم پہلے بھی لکھ چکے ہیں کہ "ممبران" بے معنی ہی

نہیں مضحکہ خیز بھی ہے۔ جب کہ 'ارکان' یا 'اراکین' سامنے کے الفاظ ہیں۔ ممبران تو آدھا تیتر، آدھا بٹیر ہے۔ "جج" کا لفظ اردو میں قدم جم اچکا ہے، لیکن اخبارات میں خاص طور پر سرخیوں میں اس کی جمع "ججز" لکھنا غلط ہے۔ اس کی جگہ 'ججوں' لکھنا چاہیے، اور 'جج' بھی بطور جمع استعمال ہو سکتا ہے۔ مثلاً "تمام جج حاضر تھے "۔ "پارلیمنٹ" انگریزی کا لفظ ہے لیکن اسے 'پارلیمان' لکھا جائے تو یہ اپنا ہو جائے گا۔ داؤد کیف نے اپنے مضمون میں لکھا ہے کہ "جہاں تک اردو ذخیرۂ الفاظ کا تعلق ہے تو اس میں علاقائی زبانوں کے الفاظ عام لوگوں کے میل جول کے قدرتی نتیجے ہی کی بدولت شامل ہو رہے ہیں (اردو بھی اسی طرح وجود میں آئی ہے) جب کہ ان میں ہم آہنگی اور اردو کی لغت میں اضافے کی شعوری کوششیں کم ہی کی گئی ہیں۔ البتہ ایک بات ضرور حوصلہ افزا ہے کہ ملک کے مختلف گوشوں کے رہنے والے ادیبوں نے جب ایک مخصوص دیہی ماحول اور خالص علاقائی فضا سے عام معاشرتی موضوع چن کر کوئی افسانہ یا ناول لکھا ہے تو اس سے قومی کلچر کی تصویر میں خوبصورت رنگوں کا اضافہ بھی ہوتا رہا ہے۔"

علاقائی زبانوں کو اردو میں شامل کرنے کا مشورہ صائب ہے اور اس پر بڑی حد تک عمل بھی ہو رہا ہے، تاہم بلوچی زبان اس عمل سے دور ہے۔ البتہ پنجابی کے ادیب بلا تکلف پنجابی کے الفاظ اردو افسانوں، ناولوں میں شامل کر رہے ہیں۔ ان میں نمایاں مثال اشفاق احمد (مرحوم) کی ہے۔ سندھ میں سندھی کے الفاظ بھی اردو بولنے والوں کی زبان پر چڑھ گئے ہیں، لیکن اس عمل سے کراچی بڑی حد تک باہر ہے۔ اصول یہ ہے کہ اقلیت اکثریت کی زبان استعمال کرتی ہے۔ کراچی میں عام

لوگوں کا واسطہ زبان کی حد تک سندھی بولنے والوں سے نہیں پڑتا۔ پنگا، پھڈا وغیرہ جیسے الفاظ اردو میں باہر سے آئے ہیں۔ کس زبان سے؟ یہ واضح نہیں ہے۔ 'پھڈا' پنجاب میں نہیں بولا جاتا۔ یہ لفظ کراچی کا خاص ہے۔ 'گڑھا' کی جگہ 'کھڈا' بھی پنجاب سے آیا ہے۔ ملتان میں ایک محلہ "گوجر کھڈا" ہے، گو کہ اب تو ملتان میں بھی قدم قدم پر کھڈے ہیں۔

اسی شمارے میں جامعہ آزاد جموں و کشمیر کے اردو لیکچرار فرہاد احمد فگار کا مضمون ہے، جنہوں نے "غلط العوام الفاظ اور املا" کی نہر نکالی ہے۔ ان کا ایک نکتہ قابلِ توجہ ہے "قریب المرگ"۔ اس کا استعمال عام ہے لیکن قواعد کی رو سے یہ ترکیب درست نہیں، کیونکہ قریب اور مرگ دونوں فارسی کے الفاظ ہیں، جب کہ "ال" عربی ہے، اس لیے اس کی ترکیب نہیں بنے گی۔ چنانچہ "قریب المرگ" کے بجائے 'قریبِ مرگ' یا پھر 'قریب الموت' ٹھیک اصطلاح ہو گی۔ لیکن کیا 'قریب' فارسی کا لفظ ہے؟ ہم تو اسے عربی کا سمجھتے رہے۔ قریب کا مصدر قرب ہے اور یہ عربی کا لفظ ہے۔ اسی سے قربت، اقرباء وغیرہ ہے۔ قربان کا مطلب بھی خدا کا قرب حاصل کرنے کے لیے کسی شے کی قربانی دینا ہے۔ اردو کے استاد فرہاد احمد فگار نے جانے کس خیال میں "قریب" کو فارسی لفظ قرار دے دیا۔

ابو الکلام آزاد نے ایک بڑے شاعر اور ادیب "اختر الایمان" کے نام پر اسی "ال" کی وجہ سے اعتراض کیا تھا کہ 'اختر' فارسی کا لفظ ہے اور 'ایمان' عربی کا۔ لیکن اختر الایمان نے اپنا نام نہیں بدلا۔ لیکن "زیب النساء" کا کیا کیا جائے۔ بادشاہ اورنگ زیب خود بھی عالم تھے اور ان کی بیٹی زیب النساء بھی عالم، فاضل تھیں۔ لیکن

'زیب' فارسی کا لفظ ہے اور 'نساء' عربی کا۔ پھر یہ نام کیوں رکھا گیا؟ "ال" کے بغیر 'زیب نساء' بھی تو چل سکتا تھا۔ کراچی کے صدر بازار میں ایک معروف سڑک کا نام بھی 'زیب النساء اسٹریٹ' ہے۔ اس پر نہ تو ابو الکلام آزاد نے اعتراض کیا اور نہ ہی استاد فرہاد احمد فگار کو کوئی اعتراض ہے۔ بہرحال فرہاد صاحب کا مضمون اصلاح کی اچھی کوشش ہے جو جاری رہنی چاہیے۔ اس مضمون سے مزید استفادہ کیا جائے گا، گو کہ بیشتر باتیں وہ ہیں جن کی ہم بار بار نشاندہی کر چکے ہیں۔

ایک خیال یہ بھی ہے کہ 'قریب المرگ' جیسے علمی اعتراض سے اردو کا دامن تنگ ہو گا۔ 'دن بہ دن' لکھنا قواعد کے اعتبار سے غلط ہے کہ 'دن' ہندی کا لفظ ہے اور اس میں 'بہ' نہیں آئے گی، چنانچہ یا تو 'دن پر دن' لکھا جائے یا 'روز بروز'۔ مگر ہم پھر یہی کہیں گے کہ اردو میں اگر 'دن بہ دن' آ ہی گیا ہے تو اسے کیوں باہر نکالا جائے۔ ذخیرۂ الفاظ میں اضافہ ہی ہوا ہے۔

***

۱۱

وتیرہ یا وطیرہ؟

کہتے ہیں "خطائے بزرگاں گرفتن خطا است۔" حافظ محمد ادریس صاحب علم و فضل میں بحر ذخار ہیں لیکن عمر میں ہم سے چھوٹے ہیں، اس لیے ان کے مضامین میں سہو کی نشاندہی خطا نہ سمجھی جائے۔ بلاشبہ حافظ ادریس ایک دانشور اور بڑے قلم کار ہیں۔ وہ ایک علمی ادارے کے سربراہ بھی ہیں، اس لیے یہ خدشہ ہے کہ ان کے سہو کو لوگ سند نہ بنالیں کہ حافظ ادریس نے لکھا ہے تو یہی صحیح ہو گا۔ فرائیڈے اسپیشل کے گزشتہ شمارے (۳۰ جون تا ۶ جولائی) میں مرحوم رائے بخش کلیار کے بارے میں ان کا ایک بہت اچھا مضمون پڑھا۔ اس مضمون میں انہوں نے "وتیرہ" کو وطیرہ لکھا ہے۔ یہ بہت عام غلطی ہے لیکن حافظ صاحب کو عربی پر بھی عبور ہے اس لیے انہیں گریز کرنا چاہیے تھا۔ وتیرہ عربی ہی کا لفظ ہے لیکن بغیر 'ط' کے۔

ایک شعر حاضر ہے:

یار کو لاکھا جمانے کا وتیرہ ہو گیا
دعوت لب، خونِ ناحق کا ذخیرہ ہو گیا

وتیرہ تو عربی کا لفظ ہے لیکن بہت سے لوگ ہندی کے لفظ "ناتا" میں 'ط' شامل

کر کے اسے معرب کر لیتے ہیں یعنی 'ناطہ' یا 'ناطا'۔

حافظ ادریس صاحب سے بہت معذرت کے ساتھ، انہوں نے اپنے مذکورہ مضمون میں کئی جگہ "بال آخر" لکھا ہے۔ یہ کیا ہے؟ بال بروزن دال، گال، جال وغیرہ۔ بال آخر لکھا جائے گا تو لوگ پڑھیں گے بھی اسی طرح۔ اسے "بل آخر" کون پڑھے گا؟ اگر بالآخر کا املا مشکل ہے تو بال آخر کی جگہ بل آخر ہی لکھ دیا ہوتا۔ کم از کم تلفظ تو صحیح ہوتا۔ اس قباحت سے بچنے کے لیے 'آخر کار' لکھ دیا ہوتا۔ کل کوئی بالکل کو بھی 'بال کل' لکھنے لگے گا۔ ماہر لسانیات رشید حسن خان مرحوم کی تحریک یہی تھی کہ جو الفاظ جس طرح بولے جاتے ہیں اسی طرح لکھے بھی جائیں مثلاً 'بلکل' اور 'بل آخر'۔ لیکن کچھ مبصرین کا کہنا ہے کہ اس طرح رشید حسن خان کا مقصد عربی املا سے دور کرنا تھا، اسی لیے انہوں نے 'اعلیٰ' کا املا 'اعلا' کر دیا۔ شاید وہ بھارتی مسلمانوں کو ہندی سے قریب لانا چاہتے ہوں۔ 'بالکل' بھی دراصل 'بالکلّیہ' ہے۔ 'لاکن' عربی کا لفظ ہے اور قرآن کریم میں اسی طرح آیا ہے، لیکن اردو میں آ کر یہ 'لیکن' ہو گیا اور لام پر کھڑا زبر غائب ہو گیا۔

حافظ صاحب نے مرحوم رائے خدا بخش کلیار کے منہ سے سنا ہوا شیخ سعدی کا ایک شعر درج کیا ہے کہ:

دیدۂ سعدی و دل ہمراہ توست

تا پنداری کہ تنہا می روی

ہو سکتا ہے کہ مرحوم کلیار اسی طرح پڑھتے ہوں اور ممکن ہے کہ کمپوزنگ کی غلطی ہو، ورنہ صحیح شعر یوں ہے:

دیدۂ سعدی و دل ہمراہ تست

تانہ پنداری کہ تنہامی روی

دوسرے مصرعے میں سہو 'نہ' رہ گیا جس سے مفہوم متاثر ہو جاتا ہے۔ سچی بات ہے کہ شعر تو ہمیں بھی صحیح یاد نہیں رہتے اور حافظ ادریس کی تو بے پناہ علمی مصروفیات ہیں۔

اخبارات میں "بیزار آنا" پڑھنے میں آتا ہے، جب کہ ہمارے خیال میں بیزار کے ساتھ 'ہونا' آنا چاہیے، یا پھر بیزار ہو جانا۔ 'بیزار' فارسی کا لفظ ہے۔ اس کے بھی دو حصے ہیں یعنی 'بیز' اور 'آر'۔ بیز فارسی قدیم میں سیر ہو جانے، دل بھر جانے کو کہتے تھے اور 'آر' کلمۂ نسبت ہے۔ مطلب تو معلوم ہی ہے ناراض، ناخوش، خفا، ملول وغیرہ۔ اسی طرح 'بیابان' بھی فارسی میں 'بے آباں' تھا۔ یعنی بے آب و گیاہ، غیر آباد جنگل، ویرانہ وغیرہ۔

ایکسپریس نیوز سے ایک صاحب رفیع اللہ میاں نے 'بربریت' کے استعمال پر ہمارے اعتراض پر اعتراض کرتے ہوئے مشورہ دیا ہے کہ جو لفظ متروک ہو چکا ہے اسے ڈسکس کرنے کا کوئی فائدہ نہیں سوائے دوسروں کے سینے سے ٹھنڈی سانسوں کے اخراج کے۔ انہیں چاہیے کہ لوگوں کو وقت کے ساتھ ایجوکیٹ کریں، ماضی میں جا کر نہیں۔ باربیرازم متروک ہو گیا۔ اب یہ انگریزی میں بھی استعمال نہیں ہوتا اور اس کی جگہ ٹیررازم نے لے لی ہے، مسئلہ یہ ہے کہ ہم بہت پیچھے کی تاریخوں میں جیتے ہیں۔

رفیع اللہ میاں! اس مشورے کا بہت شکریہ، لیکن بات سمجھ میں نہیں آئی کہ

آپ کہنا کیا چاہتے ہیں۔ آپ نے اپنے طور پر یہ فیصلہ کیسے کر لیا کہ باربیرازم ('بربرازم' یا 'بربریت') اب متروک ہو چکا ہے! انگریزی لغات میں تو موجود ہی ہے، انگریزی میں آج بھی بربرازم استعمال ہوتا ہے۔ ٹیررازم بالکل الگ چیز ہے اور ٹیررسٹ یا دہشت گرد کوئی بھی ہو سکتا ہے، گو کہ عموماً اشارہ مسلمانوں ہی کی طرف ہوتا ہے۔ اب اگر مسلمان یورپ کے فاتح بربروں سے منسوب بربریت کے استعمال پر مطمئن ہیں تو کیا کیا جا سکتا ہے۔ بوسنیا ہرزیگوینا میں سربوں نے جس درندگی کا مظاہرہ کیا اس پر کسی نے اسے 'سرب ازم' یا 'سربیت' کا نام نہیں دیا کیونکہ مسلمانوں کا قتلِ عام کرنے والے بھی یورپی ہی تھے جنہوں نے اقوام متحدہ کی پناہ میں آئے ہوئے ۸ ہزار بوسنیائی مسلمانوں کو بے دردی سے قتل کر دیا تھا۔ وہ لکھتے ہیں کہ بہت سے الفاظ متروک ہو جاتے ہیں اور ان کی جگہ نئے الفاظ لے لیتے ہیں۔ الفاظ متروک نہیں ہوا کرتے بلکہ ان کا استعمال کم ہو جاتا ہے۔ انگریزی میں شیکسپیر نے اپنی نظموں میں جو الفاظ استعمال کیے ہیں اب وہ عام طور پر استعمال نہیں ہوتے، لیکن جب انگریزی ادب پڑھایا جاتا ہے تو شیکسپیر کا مطالعہ لازم ہو جاتا ہے۔ اسی طرح اردو کے قدیم شعرا اور نثر نگاروں نے جو الفاظ استعمال کیے ہیں وہ اردو ادب کا حصہ ہیں۔ اصل بات یہ ہے کہ جن الفاظ کو متروک قرار دیا جائے وہ لغات میں بھی موجود ہیں اور ادب میں بھی۔ عربی کے کئی الفاظ جو شاید عام عربی بول چال میں استعمال نہ ہوتے ہوں لیکن قرآن کریم اور احادیث میں ہونے کی وجہ سے زندہ ہیں اور مفسرین ان کی تشریح کرتے ہیں۔ یہی حال عربی کی قدیم شاعری کا ہے جو عربی ادب کا حصہ ہے اور آج بھی پڑھائی جاتی ہے۔ اگر کسی لفظ کا معنیٰ مجھے نہیں معلوم تو

اس کا یہ مطلب ہرگز نہیں کہ وہ متروک ہوگیا۔ جن الفاظ کا استعمال کم ہوگیا ہے ان کے احیاء کی ضرورت ہے، نہ کہ انہیں بھلا دینے کی۔ ہماری اطلاع کے مطابق رفیع اللہ اب نثری نظمیں بھی کہنے لگے ہیں۔ انہیں بھی متروکات کو زندہ کرنے میں مدد کرنی چاہیے۔

اس پر یاد آیا کہ گزشتہ دنوں ایک مضمون میں "کُندی کرنا" پڑھا۔ پڑھ کر مزا آگیا کہ یہ لفظ بھی بقول کسے متروک ہوگیا تھا۔ کندی (کاف بالضم) ہندی کا لفظ ہے۔ اردو میں اس کا مطلب مار پیٹ، زدوکوب کرنا ہے۔ عام طور پر خواتین بچوں کو کندی کرنے کی دھمکی دیتی ہیں۔ کندی اصل میں اس موگری یا ڈنڈے کو کہتے ہیں جس سے دھوبی کپڑے دھوتے ہوئے انہیں کوٹتے ہیں۔ گھروں میں خواتین بھی کپڑے دھوتے ہوئے چپٹا سا ایک ڈنڈا استعمال کرتی ہیں جو کثیر المقاصد ہوتا ہے اور کسی کو کوٹنے میں بھی استعمال کیا جاسکتا ہے۔ موگری سے کپڑوں کی سلوٹیں نکالنے کو بھی کندی کرنا کہتے ہیں۔ 'کندی گر' ریشمی اور عمدہ کپڑوں کو صاف کرنے والا، جِلا دینے والا۔ اور 'کُندہ' فارسی میں موٹی لکڑی کے ٹکڑے کو کہتے ہیں، یا وہ لکڑی جس پر قسائی (قصاب) گوشت رکھ کر قیمہ بناتے ہیں۔ اب تو قسائیوں کی زبان میں اسے 'مڈّی' کہتے ہیں۔ ایک 'کندہ ناتراش' بھی ہوتا ہے یعنی بے تمیز، بے سلیقہ، جاہل وغیرہ۔ ہمیں لڑکپن میں اس لقب سے عموماً واسطہ پڑتا تھا۔ اچھا تھا کہ مطلب ہی معلوم نہیں تھا۔

اسی املا کے ساتھ ایک اور کندہ بھی ہے۔ اس میں کاف پر زبر (بالفتح) ہے لیکن بہت سے لوگوں سے کُندہ سننے میں آیا۔ کَندہ کہتے ہیں کھدا ہوا۔ کندہ گر کا مطلب

ہے نقش و نگار کھودنے والا۔ کندہ کرنا، کھودنا، یہ فارسی کا لفظ ہے۔ ایسے ہی ایک لفظ 'کتبہ' ہے۔ عربی کا لفظ ہے، اس میں بھی 'ک' پر زبر ہے، لیکن لوگ اس پر پیش رکھ کر کُتبہ بنا دیتے ہیں۔

***

۱۲

نیک اختر

ہمارے صحافی اور ادیب کسی بھی لفظ کے آگے "یت" (ی ت) بڑھا کر اسم صفت بنا لیتے ہیں۔ اس طرف پروفیسر علم الدین نے بھی توجہ دلائی تھی۔ ایک مضمون میں "معتبریت" پڑھا۔ غنیمت ہے کہ اعتباریت نہیں لکھا۔ لیکن اعتبار میں کیا خرابی ہے؟ یا اپنے آپ پر اعتبار نہیں کہ اس طرح "معتبریت" قائم نہیں ہو سکے گی۔

جامعہ کراچی میں اردو کے استاد اور زبان پر دسترس رکھنے والے پروفیسر رؤف پاریکھ ایک اخبار میں زبان کے حوالے سے مضامین بھی لکھ رہے ہیں۔ گزشتہ ایک مضمون میں انہوں نے عام ہو جانے والی کئی اصطلاحوں کی وجۂ تسمیہ بھی بیان کی ہے، مثلاً "سینڈوچ"۔ اس حوالے سے ڈاکٹر عبدالرحیم کی کتاب "پردہ اٹھادوں اگر چہرۂ الفاظ سے" بڑی دلچسپ ہے جس میں الفاظ کا تاریخی، لغوی اور لسانی مطالعہ پیش کیا گیا ہے۔ ہم بھی اس سے استفادہ کر چکے ہیں، مثلاً ہڑتال کی وضاحت بڑی دلچسپ ہے۔ رؤف پاریکھ نے بائیکاٹ کی جو تاریخ بیان کی ہے ایسی ہی ڈاکٹر عبدالرحیم نے اپنی کتاب میں دی ہے۔

خوشی کی بات ہے کہ معروف عالم دین مفتی منیب الرحمن بھی اصلاحِ زبان کے میدان میں آگئے ہیں۔ ان کی آمد اس لیے بھی خوش آئند ہے کہ وہ عربی و فارسی پر عبور رکھتے ہیں۔ ہم نے اپنے کسی مضمون میں لکھا تھا "خطائے بزرگاں گرفتن خطا است"۔ اور یہی معروف بھی ہے، لیکن مفتی صاحب نے اس کی اصلاح فرمائی ہے۔ یہ سعدی شیرازی کا شعر ہے جو یوں ہے:

نہ در ہر سخن بحث کردن رواست

خطا بر بزرگاں گرفتن خطاست

یعنی خطائے بزرگاں کی جگہ "خطا بر بزرگاں"۔ شیخ سعدی زندہ ہوتے تو ممکن ہے کہ عوامی اصلاح قبول کرلیتے کہ اس طرح مصرع رواں اور سہل ہوگیا ہے اور "بر۔بز" کے عیب تنافر سے بھی پاک ہوگیا ہے۔ ایسے کئی شعر ہیں جو عوام کی زبان پر چڑھ کر زیادہ جامع ہوگئے ہیں۔ مفتی صاحب نے "نورِ چشمی" کی وضاحت بھی کی ہے کہ یہ مہمل ہے۔ اسی پر یاد آیا کہ شادی کے دعوت نامے میں نورِ چشمی کے علاوہ "دخترِ نیک اختر" بھی لکھا جاتا ہے۔ نیک اختر کا مطلب ہے اچھے ستارے والی یعنی اچھی قسمت والی۔ گو کہ عربی میں 'نیک' کے معنی اُس کے برعکس ہیں جو ہم اردو میں استعمال کرتے ہیں۔ یہ تو جملۂ معترضہ ہے لیکن اس سے ظاہر ہوتا ہے کہ ضعیف الاعتقاد انسان نے اپنی قسمت کی باگ ڈور ستاروں کے ہاتھ میں دے رکھی ہے کہ فلاں ستارے کے زیر اثر پیدا ہونے والا بخت ور ہوگا اور فلاں ستارے کے زیر سایہ پیدا ہونے والا بدقسمت۔ ہندوؤں میں تو جیوتش ودیا، ستارہ شناسی، دست شناسی وغیرہ جیسی باتیں سمجھ میں آتی ہیں کہ پورا دھرم ہی ضعیف الاعتقادی کی بنیادوں پر

کھڑا ہے۔ بچے کی پیدائش کے ساتھ ہی جنم کنڈلی بنوالی جاتی ہے اور پنڈت جی نومولود کا پورا زائچہ بنا کر دے دیتے ہیں۔ لیکن یہ کام مسلمان بھی کرتے ہیں۔ مرزا غالب کا مصرع ہے

اک برہمن نے کہا ہے کہ یہ سال اچھا ہے

اور علامہ اقبال نے ستاروں سے حال معلوم کرنے پر کہا تھا کہ

ستارہ کیا مری تقدیر کی خبر دے گا

وہ تو خود فراخی افلاک میں ہے خوار و زبوں

بات لمبی ہو جائے گی لیکن عابد علی عابد کا شعر بھی سن لیجیے:

چاند ستاروں سے کیا پوچھوں کب دن میرے پھرتے ہیں

یہ تو بچارے خود ہیں بھکاری، ڈیرے ڈیرے پھرتے ہیں

ستم یہ ہے کہ اب تو ٹی وی چینلوں پر بھی ستارہ شناسوں، نجومیوں اور زائچے بنانے والوں کو بٹھا کر اُن سے معلوم کیا جاتا ہے کہ فلاں شخص کے مقدر میں کیا ہے یا پاکستان کا مستقبل کیا ہے۔ اس طرح ضعیف الاعتقادی کو پختہ کیا جارہا ہے۔

ستارے کے حوالے سے ڈاکٹر عبد الرحیم نے بڑی دلچسپ وضاحت کی ہے۔ وہ لکھتے ہیں کہ انگریزی کا لفظ DISASTER بھی اسی عقیدے کا مظہر ہے۔ اس کے معنی کوئی بڑی مصیبت اور تباہی کے ہیں، لیکن اس لفظ کی نقاب کشائی کی جائے تو اس کے پیچھے تباہی کے بجائے انسان کی اپنی ضعیف الاعتقادی نظر آئے گی، کیونکہ DISASTER (ڈیزاسٹر) کے لفظی معنٰی ہیں برا ستارہ۔ یعنی یہ نیک اختر کی ضد 'بداختر' ہے۔ یہ دو لفظوں کا مرکب ہے یعنی DIS-ASTER۔ یہاں DIS

بمعنی برا ہے، اور ASTER لاطینی ASTRUM سے ہے جس کا مطلب ہے ستارہ۔ یہ لفظ دراصل اطالوی ہے جہاں سے فرانسیسی میں اور پھر وہاں سے انگریزی میں آیا۔

فرائیڈے اسپیشل کے پچھلے کسی شمارے میں ایک خاتون کا مراسلہ شائع ہوا تھا جس میں انہوں نے تبصرہ کیا تھا کہ یہ کالم ان کے سر اور ذہن (یا شاید دماغ) کے اوپر سے گزر جاتا ہے۔ کسی نے بتایا تھا کہ ذہن یا دماغ سر میں ہی ہوتا ہے، لیکن ان کا شکوہ بجا ہے۔ اس کا احساس ہمیں نیک اختر کی طول طویل وضاحت سے ہو رہا ہے۔ اسی پر یاد آیا کہ استاد العلما مفتی لطف اللہ صاحب (مرحوم) نے اپنے ایک رسالے میں لکھا ہے کہ "طوالت عام طور پر بولتے ہیں جو غلط ہے، صحیح طول ہے۔ اسی طرح عمداً بفتح میم (یعنی میم پر زبر) بولا جاتا ہے، جب کہ صحیح سکون المیم ہے (یعنی عم دن)"۔ اسی رسالے میں ایک بات اور لکھی گئی ہے کہ "شکر خود مصدر ہے، اس پر 'ی' اور 'ت' بڑھا کر شکریہ کہنا اور لکھنا غلط ہے۔ کیونکہ ی، ت کا اضافہ ان کلمات پر کیا جاتا ہے جو مصدر نہ ہوں اور بطور مصدر ان کو استعمال کرنا ہو جیسے 'فاعلیت، وغیرہ۔ ہماری رائے تو یہ ہے کہ شکریہ کی ترکیب خواہ غلط ہو لیکن یہ اتنی عام ہو گئی ہے کہ غلط العام ہو کر فصیح ہو گئی ہے۔ اب لوگ اسے ترک نہیں کریں گے۔ بہر حال اس تصحیح کا شکریہ۔

مشفق محترم حافظ محمد ادریس نے ہماری گستاخی کو نظر انداز کرتے ہوئے محبت نامہ ارسال کیا ہے کہ

"فرائیڈے اسپیشل میں آپ کا کالم بڑے شوق سے پڑھتا ہوں۔ زباں بگڑ

جائے تو بڑا نقصان ہوتا ہے، مگر بہت کم لوگ اسے جانتے ہیں۔ اللہ آپ کو جزائے خیر دے کہ آپ نے میرے مضمون پر بہت اچھا تبصرہ کیا ہے۔ یقین جانیں کہ اسے پڑھ کر بہت لطف آیا۔ صورت حال یہ ہے کہ آج کل بہت زیادہ مصروفیت اور بھاگ دوڑ، نیز صحت کی کمزوری کی وجہ سے ہاتھ سے لکھنا مشکل ہو گیا ہے۔ کمپوزر حضرات کو لکھواتا ہوں اور بعد میں اسے ایڈٹ کرتا ہوں۔ جس مضمون کا آپ نے حوالہ دیا ہے، اس کی غلطیاں آپ کے اس کالم سے پہلے میری نظر سے گزر چکی تھیں۔ یہ سب کمپوزنگ (کتابت) کا کمال ہے، جس پر آپ نے بجا طور پر ناصحانہ گرفت کی ہے۔

فارسی شعر تو مجھے بہت اچھی طرح یاد ہے اور اس سے قبل کلیار صاحب کی زندگی میں ہفت روزہ "ایشیا" کے کالم "دریچۂ دل" میں ایک سے زیادہ مرتبہ وہ چھپ بھی چکا ہے، جس میں کوئی غلطی نہیں۔ اس مرتبہ یہ مضمون رسائل کو بھجوایا گیا، جس کا فائنل پروف میں نہ دیکھ سکا۔ ہمارے "یادِ رفتگاں" کے یہ کالم بعد میں "عزیمت کے راہی" کے نام سے کتابی صورت میں طبع ہوتے ہیں۔ کتاب کی تیاری کے وقت میں خود بھی قدرے زیادہ غور سے ان کو دیکھ لیتا ہوں۔ پھر بھی کوئی نہ کوئی غلطی رہ جانے کا احتمال موجود ہوتا ہے۔ اس وقت لکھے جانے والے مضامین ان شاء اللہ "عزیمت کے راہی" جلد ہفتم میں شامل ہوں گے۔ پہلی چھ جلدیں الحمدللہ طبع ہو کر قارئین کی طرف سے تحسین حاصل کر چکی ہیں۔ بعض پر "فرائیڈے اسپیشل" میں تبصرے بھی چھپے، جبکہ دیگر پر باوجود کتاب ارسال کرنے کے تبصرہ نہ چھپ سکا۔ کیوں؟ اس کا علم نہیں۔ ادارہ کے اربابِ حل و عقد کو معلوم ہو گا۔

آپ کے توجہ دلانے پر شکر گزار ہوں اور اس کے ساتھ ایک یادگار واقعہ بھی عرض کیے دیتا ہوں۔ مستند عالم دین اور معروف مصنف حضرت مولانا ابو الحسن علی ندویؒ ایک مرتبہ خانہ کعبہ کا طواف کر رہے تھے اور مسلسل دعا کیے جا رہے تھے کہ اے اللہ کاتبین کے فتنے سے محفوظ فرما۔ اس دعا کی حکمت ہر وہ شخص جانتا ہے، جو تصنیف و تالیف کے میدان میں اترتا ہے۔ اللہ آپ کو جزائے خیر دے، آپ نے جو توجہ دلائی ہے میں اس سے قبل ہی یہ غلطیاں "ایشیا" میں چھپنے والے مضمون کو دیکھ کر نوٹ کر چکا تھا۔

آپ کے لیے دعا گو ہوں اور آپ کی برادرانہ شفقت اور بزرگانہ دعاؤں کا محتاج بھی ہوں۔ والسلام

خاکسار

حافظ محمد ادریس

نائب امیر جماعت اسلامی پاکستان

ڈائریکٹر ادارہ معارف اسلامی، منصورہ"

(ازراہِ نوازش انہوں نے تسلیم کیا ہے کہ "وطیرہ" ان کی غلطی ہے اور یہ اطلاع لاہور سے حامد ریاض ڈوگر نے فراہم کی ہے۔ غلط بیانی کے ذمے دار وہ ہی ہوں گے)

۲۵ جولائی کے جسارت میں صفحہ ۱۲ پر ایک سرخی شائع ہوئی ہے

"پاکستان کی تیسری آفاقی 'میعادی' جائزہ رپورٹ"۔ سرخی تو کیا پوری خبر ہی

پلے نہیں پڑی کہ یہ کس قسم کی رپورٹ ہے۔ اس سے قطع نظر یہ "میعادی" کیا چیز ہے ؟ میعاد کوئی لفظ نہیں۔ یہ غالباً میعاد ہے۔ میعاد اور معیار اکثر ہمارے صحافی بھائیوں سے چھیڑ چھاڑ کرتے ہیں چنانچہ میعاد 'میعاد' اور معیار 'معیار' ہو جاتا ہے اور 'ی، بے جگہ ہوتی رہتی ہے۔ میعاد عربی کا لفظ ہے، قرآن کریم میں 'لا تخلف المیعاد، آیا ہے۔ مطلب ہے وقتِ معینہ، ایام مقررہ۔ جیسے کہا جاتا ہے "حکومت کی میعاد ختم ہوگئی ہے"۔ امیر مینائی کا شعر ہے:

کھول کر بال جو آتے ہیں وہ زنداں کی طرف
کچھ بڑھا جاتے ہیں میعاد گرفتاروں کی

میعاد کا مزید مطلب وعدہ، وعدے کا وقت۔ اللہ اپنے وعدے کے خلاف نہیں کرتا۔ میعاد بولنا کا مطلب ہے قید کا حکم لگانا۔ پنجابی میں کہا جاتا ہے "قید بول گئی"۔ ایک مشہور مقدمے میں ایک اخبار نے شہ سرخی لگائی تھی "تانگہ آ گیا کچہریوں خالی۔ سجناں نوں قید بول گئی"۔ ایک میعادی بخار بھی ہوتا ہے جو رہ رہ کر چڑھتا ہے جیسے اقتدار کا نشہ۔

***

۱۳

گیسوئے اردو کی حجامت

علامہ اقبالؒ نے داغ دہلوی کے انتقال پر کہا تھا:

گیسوئے اردو ابھی منت پذیر شانہ ہے

ایم اے اردو کے ایک طالب علم نے اس پر حیرت کا اظہار کیا کہ داغ نے یہ وضاحت نہیں کی کہ کس کے شانے کی بات کی جارہی ہے جب کہ غالب نے صاف کہا تھا کہ:

تیری زلفیں جس کے شانوں پر پریشاں ہو گئیں

اس سوال پر ہم بھی پریشان ہو کر رہ گئے۔

داغ دہلوی نے جس شبہ یا شکوے کا اظہار کیا تھا وہ ایسا غلط بھی نہیں۔ ٹی وی چینلوں پر گیسوئے اردو کی جس طرح حجامت بنائی جارہی ہے وہ اس کا ثبوت ہے۔ چلیے، "مشاق" طیارے کے حادثے پر اسے "مشتاق" کہا تو سمجھ میں آتا ہے، لیکن ایک خاتون خبر دے رہی تھیں کہ فلاں نے "جھان سہ" دے دیا۔ انہیں گوارہ نہیں ہوا کہ جھانسہ کے نون غنہ کو خالی جانے دیا جائے۔ حیرت تو اس پر ہوتی ہے کہ کوئی اصلاح کرنے والا بھی نہیں۔ جب جب خبر دہرائی گئی، یہی تلفظ سننے میں آیا۔

ایک صاحب خبر دے رہے تھے کہ فلاں نے فلاں کو "ہوس" (بروزن جوش، ہوش) کا نشانہ بنایا۔

ٹی وی چینلوں کا ذکر خاص طور پر اس لیے کرنا پڑتا ہے کہ یہ ذریعہ براہِ راست سماعت و بصارت پر اثر انداز ہوتا ہے اور کچے ذہن اتنے متاثر ہوتے ہیں کہ تلفظ صحیح کرانے کی کوشش کرو تو جواب ملتا ہے "ہمیں تو یہی پڑھایا گیا ہے، آپ نئی اردو ایجاد کر رہے ہیں!" اس پر یاد آیا کہ اسکول میں تو ہمیں بھی برطانوی بادشاہ چارلس کا تلفظ "چار۔ لس" پڑھایا گیا تھا۔ کسی نے ڈانٹ کر تصحیح کر دی تھی۔ لیکن گزشتہ دنوں پی ٹی وی پر "چار۔ لس" سن کر خوشی ہوئی کہ ہم نے گیسوئے اردو ہی نہیں انگریزی کا حشر بھی وہی کیا ہے جو انگریزوں نے برعظیم پاک و ہند کا کیا تھا۔ پاکستان ٹیلی ویژن کبھی صحیح تلفظ کے لیے معروف تھا اور صرف تلفظ صحیح کرنے کے لیے سکہ بند ادیبوں کی خدمات حاصل تھیں۔ "سکہ بند" لکھ تو دیا پھر خیال آیا کہ کسی نے پوچھ لیا کہ یہ کیا ہے، تو کیا جواب دیں گے، یہ کہ ایسا ہی پڑھا ہے! ایک سکہ تو پنسل میں ہوتا ہے اور ایک کبھی کبھار جیب میں بھی ہوتا ہے اور جیب بند ہو سکتی ہے۔ تاہم "سکہ بند" کا مطلب ہے: پختہ، معیاری، سچا۔ خود سکہ کے کئی مطلب ہیں مثلاً ٹھپا، ضرب، چھاپ، نقش کیا ہوا، ڈھلا ہوا، سرکاری منقش زر جو ملک میں چلے، طرز، روش، طریقہ، قانون، رعب داب وغیرہ۔ اسی سے سکہ بٹھانا، سکہ پڑنا وغیرہ ہیں۔ ایک عجیب مطلب سکہ قلب کا ہے، یعنی جھوٹا سکہ، وہ سکہ جو ناجائز طور پر بنایا جائے۔ یہ سکہ عربی میں چلتا ہے۔

'ق' کا تلفظ 'ک' کچھ اہلِ پنجاب سے مخصوص نہیں ہے جن کو وضاحت کرنا

پڑتی ہے کہ یہ کینچی (قینچی) والا کاف ہے یا کتے والا۔ یہی 'ق' دکن میں جا کر 'خ' سے بدل جاتا ہے اور قاضی جی 'خاضی جی' ہو جاتے ہیں۔ لیکن ماہر القادری نے لکھا ہے کہ بعض عرب قبائل بھی قاف کی ادائیگی مختلف طریقوں سے کرتے تھے۔ ڈاکٹر ف۔ عبدالرحیم لکھتے ہیں کہ قدیم زمانے سے بعض عرب قبائل 'ق' کو 'گ' بولتے تھے۔ مشہور عربی عالم لغت ابن درید جمہرہ اللغتہ میں کہتے ہیں "قبیلہ بنو تمیم 'ق' کو 'ک' سے ملا دیتے ہیں یہاں تک کہ وہ بہت گاڑھا ہو جاتا ہے، اس طرح وہ قوم کو 'گوم' کہتے ہیں جو 'ک' اور 'گ' کے بیچ میں ہوتا ہے۔ بنو تمیم کی یہ بولی معروف ہے۔ اسی نطق کی رو سے عربی کا "القطن" (کاٹن) ہے۔ ہسپانوی میں ALGODON بنا۔ ہم نے شاید پہلے بھی لکھا تھا کہ اب بھی سعودی عرب میں 'ق' کا تلفظ 'گ' سے کیا جاتا ہے۔

چند دن پہلے جسارت کے کسی مضمون میں یہ شعر پڑھا تھا:

ہجوم کیوں ہے زیادہ شراب خانے میں
فقط یہ بات کہ پیر مغاں ہے مردِ خلیق

اب یہ مغاں کیا ہے؟ مُغ اردو میں بضم میم ہے، یعنی میم پر پیش ہے، تاہم فارسی میں ضمہ اور فتح (زبر) دونوں کے ساتھ آتا ہے۔ اس کے اصل معنی ہیں: آتش پرست، مجوسی۔ ایک مصرع ہے:

از مغ ترس آن زمان کہ گشت مسلمان

یعنی آتش پرست سے اُس وقت ہوشیار رہ جب وہ مسلمان ہو جائے۔ چونکہ اسلامی ملکوں میں مجوسی ہی شراب بیچا کرتے تھے اس لیے مغ کے معنی شراب فروش

کے ہو گئے۔ اردو میں یہ لفظ انہی معنوں میں مستعمل ہے۔ شراب فروشوں کے بڑے کو پیرِ مغاں اور شراب فروش کے لڑکے کو مغ بچہ کہا جاتا ہے۔ مغ فارسی سے یونانی میں بصورت MAGOS داخل ہوا۔ یہی میگوس عربی میں مجوس کی صورت میں داخل ہوا جس میں 'گ' کو 'ج' سے بدل دیا گیا۔ ۵۳۹ قبل مسیح میں ایران کے ہخا منشی فرماں روا کورش نے بابِل (دوسری 'ب' کے نیچے کسرہ یعنی زیر ہے) فتح کیا۔ اس فتح کے بعد بابل میں بھی مجوسیت پھیلی۔ بابل کے باشندے پہلے سے جادو اور شعبدے بازی میں ماہر تھے اس لیے بابلی تناظر میں مغ کے معنوں میں مجوسیت کے ساتھ سحر کی آمیزش بھی ہو گئی، چنانچہ یونانی میں "ملگیکے تخنے "یعنی فنِ مغاں سے مراد جادو ہے۔ اسی سے انگریزی میں MAGIC (میجک) آیا اور یہ لفظ یورپ کی اکثر زبانوں میں پایا جاتا ہے۔ لسانی شہادت کی رو سے مجوس اور Magician (جادوگر) کی اصل ایک ہے۔

آپ نے دیکھا پیرِ مغاں نے کیسی کیسی کروٹیں بدلی ہیں۔ اب یہ تو قارئین کو معلوم ہی ہو گا کہ 'پیر' فارسی میں بوڑھے کو کہتے ہیں اور عربی میں بوڑھے کے لیے لفظ " شیخ " ہے۔ یہ اور بات کہ پیر اور شیخ نوجوان بھی ہوتے ہیں خواہ وہ گدی نشین ہوں یا تلور کے شکار کے لیے آنے والے۔

پچھلے شمارے میں جذبات، الفاظ، تصاویر وغیرہ کی غلط طور پر مزید جمع بنانے کا ذکر کیا تھا۔ یعنی جذباتوں وغیرہ، جو ظاہر ہے کہ غلط ہے۔ لیکن استاد شاعر مرزا محمد رفیع سودا نے سلاطین کی جمع "سلاطینوں " لکھی ہے۔ " مخمس در ویرانی شاہ جہاں آباد" میں شعر ہے:

مچار کھی ہے سلاطینوں نے یہ، توبہ دھاڑ
کوئی تو گھر سے نکل آئے ہے گریباں پھاڑ

سلاطیں سلطان کی جمع ہے یعنی بادشاہ۔ تاہم فرہنگ آصفیہ کے مطابق اس کا اطلاق شہ زادہ، شاہی خاندان کا فرد پر بھی ہوتا ہے۔ سلاطین مفرد لفظ کے طور پر بھی استعمال میں آتا تھا، شاہی خاندان سے تعلق رکھنے والے کے معنی میں۔ اس نسبت سے اس کی جمع سلاطینوں آتی تھی۔ اب اسلحہ بھی تو واحد استعمال ہوتا ہے جب کہ یہ "سلاح" کی جمع ہے۔ سورہ النساء میں آیت ۱۰۲ کے ترجمے میں ہے "اور اپنے اسلحہ لیے رہے"۔ یہاں اسلحہ بطور جمع آیا ہے۔

سودا کے درج بالا شعر میں ایک لفظ "دھاڑ" ہے۔ قارئین کو تو اس کا مطلب معلوم ہی ہو گا کہ یہ چوروں کا جتھا، ہجوم، انبوہ، مجمع، اشد ضرورت، بے قراری، مشکل، مصیبت وغیرہ کو کہتے ہیں۔ دھاڑ پڑنا محاورہ ہے جس کا مطلب ہے: چوروں کے گروہ کا حملہ کرنا۔ دھاڑ مارنا کا مطلب ہے: ڈاکا ڈالنا، حملہ کرنا۔ اب یہ لفظ متروک ہوتا جارہا ہے۔ اسی سے دھاڑا ہے یعنی لوٹ کا مال۔ کچھ اخبارات دہاڑی کو بھی غیر ضروری طور پر دیہاڑی لکھ رہے ہیں لیکن اس کا کوئی تعلق دھاڑ سے نہیں ہے۔

***

اردو اخبارات : اخبار بینی اور اخبار نویسی
پر مبنی تحقیقی و تنقیدی کتاب

اخبار کی باتیں

مرتبہ : سید حیدرآبادی

بین الاقوامی ایڈیشن منظر عام پر آچکا ہے